LE GIRASTORIE

della buonanotte

Testi di Steffi Kammermeier, Michaela Rudolph e Michaela Hanauer

Illustrazioni di Anna Karina Birkenstock

Traduzione di Anna Carbone

MONDADORI

Indice

Jakob trova la strada

Evviva! Le vacanze, finalmente! Jakob non vedeva l'ora: sarebbe andato in campeggio per la prima volta. Per una settimana intera avrebbe vissuto avventure con i suoi amici e cantato canzoni davanti al fuoco: doveva essere bellissimo! Il campeggio si affacciava su un lago; lì vicino, poi, c'era un prato recintato con un paio di pecore e un asinello che i bambini si divertivano ad accarezzare. Olli, il capogruppo, e Stefan, un ragazzo più grande, aiutarono Jakob a montare la tenda. La terza sera il gruppo decise di fare un'escursione notturna e tutti si portarono dietro una torcia, anche se all'inizio la luna splendeva luminosa e trovarono facilmente la strada senza bisogno di accenderla. Poi però arrivò una nuvola dispettosa e si fece tutto buio. Ma… oh no! La luce delle torce tremolava!

«Accipicchia, ho dimenticato di sostituire le pile!» brontolò Olli seccato.

«Allora sarà meglio che torniamo indietro» suggerì Stefan. Ben presto le torce si spensero del tutto. Procedettero nel buio per un po' e alcuni bimbi, impauriti, si presero per mano. «Olli, ma sei sicuro che questa sia la strada giusta?» sussurrò Stefan. Aveva parlato piano di proposito, per non spaventare i bambini ancora di più, però Jakob aveva sentito lo stesso. Eppure, doveva esserci un modo per ritrovare la strada del ritorno! Aguzzò attentamente le orecchie ed ecco che sentì un lievissimo «*Ih oh!*»

«Ehi, davanti a noi c'è un asinello!» gridò eccitato.

«Bravissimo, Jakob! Adesso sappiamo quale direzione prendere.» E infatti, dopo un paio di minuti ritrovarono l'accampamento. Sollevati, si radunarono tutti attorno al fuoco per bere cioccolata calda e mangiare salsicce. Naturalmente, Jakob era l'eroe della serata! E poco dopo andarono a rannicchiarsi tutti quanti nei loro sacchi a pelo.

Su, adesso salta anche tu sotto le coperte: buonanotte!

Il topolino trasloca

Sam era proprio stufo della città. Anche se la gente buttava via un mucchio di avanzi in cui un topolino come lui poteva trovare da mangiare, la città era troppo rumorosa! "Me ne vado a vivere nel bosco" decise. In quattro e quattr'otto trovò una grotta e vi si trasferì tutto soddisfatto. Ascoltava il cinguettio degli uccelli e il frinire dei grilli.

"Questa notte dormirò benissimo" pensò Sam. E invece, non appena ebbe chiuso gli occhietti, sentì un orribile strascichio. Ecco, era andato a stare nel bosco e lì c'era chiasso proprio come in città! Si precipitò fuori: non ci poteva credere! Accanto alla sua porta si aggirava un fantasma che si trascinava dietro una catena.

«Smettila subito!» urlò Sam.

Il fantasma sussultò. «Lo farei volentieri, questo strascichio dà fastidio anche a me!»

«E allora piantala!» insistette Sam stizzito.

«Non posso» si lamentò il fantasma. «Ho perso la chiave della catena e adesso non riesco più a togliermela.»

«Se io ti trovo la chiave, mi prometti che poi mi lascerai dormire in pace?» gli chiese Sam.

«Parola d'onore di fantasma!» gli assicurò il fantasma.

E così Sam si mise a cercare. Guardò in ogni interstizio degli alberi e sotto ogni mucchio di foglie. E alla fine, in un buco del terreno, trovò la chiave!

Il fantasma aprì la catena e la gettò via. «Urrà, sono libero!» gridò. Sam sbadigliò e disse: «Ricordati la tua promessa e buonanotte».

«Buonanotte» sussurrò il fantasma.

E adesso, dormi tranquillo anche tu. Sogni d'oro, topolino mio!

La principessa Laura

La principessa Laura viveva in un grande castello con i suoi genitori, il re e la regina. In camera sua aveva tutti i giocattoli che una bambina possa desiderare: un castello delle bambole e un enorme negozio e molti, moltissimi animali di peluche, e poi e poi e poi... Però non aveva amichetti che venissero a giocare con lei e con le sue belle cose. Spesso guardava triste dalla finestra: là fuori c'erano i bambini del paese che si rincorrevano sulle loro biciclette. Un giorno Laura corse dai suoi genitori e disse: «Per piacere, posso scambiare tutti i miei giocattoli con una bicicletta in modo da poter andare a giocare con gli altri bambini?»

«Purtroppo è impossibile» le risposero i genitori. Loro, infatti, avevano paura che sulla bicicletta Laura potesse farsi male.

Laura se ne tornò triste triste in camera sua e davanti a sé vide una fatina.

«Vorresti davvero scambiare le tue cose con degli amici?» le chiese e Laura annuì immediatamente. Allora la fatina mormorò un paio di parole misteriose e subito i giocattoli di Laura si sollevarono in aria e volarono fuori dalla finestra, verso i bimbi del paese. Laura vide quanto erano contenti e ne fu molto felice.

Uno di loro la notò e incominciò a gesticolare animatamente: Laura non ci pensò due volte e corse di sotto, dove i bambini la stavano aspettando. Le prestarono una bici e le insegnarono ad andarci, e così poco dopo Laura pedalava e faceva le gare con i suoi nuovi amici. Finalmente i suoi genitori capirono che le loro preoccupazioni erano inutili e da quel giorno le permisero di giocare con gli altri bambini.

Quando quella sera la principessa andò a letto, era stanca come non mai. E un, due, tre, si addormentò sentendosi semplicemente... felice! E adesso, dormi felice anche tu.

Il fantasma cerca lavoro

C'era una volta un fantasma che durante il giorno si aggirava nel bosco degli spettri dove aspettava qualcuno da spaventare. Qualche volta turbava un solitario raccoglitore di funghi, ma non c'era verso che ne spuntasse uno a mezzanotte, l'ora dei fantasmi: quello poteva proprio scordarselo. Perciò decise di trasferirsi in città e si mise in viaggio. L'orologio della torre batté la mezzanotte, l'ora migliore per trovare lavoro per uno come lui! Ma quando arrivò nella grande città, splendevano luci, non c'era neppure un posticino sinistro o tenebroso! Il fantasma, deluso, svolazzò lungo le case illuminate, finché non trovò una finestra buia ancora aperta.

Vi si intrufolò: nel letto un bambino piccolo dormiva abbracciato al suo orsetto. Il fantasma si rallegrò: avrebbe spaventato il bambino con il suo ululato più orrendo.

«*Uh uh uh!*» gemette e sospirò e volteggiò avanti e indietro attorno al letto.

Ma il piccolo non si spaventò. Aprì gli occhietti e gli sorrise. «Ciao, e tu chi sei?»

«Sono un fantasma!» rispose il fantasma con la sua voce più spaventevole. Ma non funzionò neppure così. Il bambino si mise a sedere e sbadigliando gli fece un po' di posto.

«Non sei stanco?» chiese invitando il fantasma a venire nel letto con lui e con l'orsetto.

Il fantasma non se lo aspettava proprio. E adesso? Lui voleva fare paura! Però, in effetti dopo quel lungo volo si sentiva davvero un po' stanco e il letto del bambino aveva un'aria così invitante…

Perciò decise di cambiare i suoi piani, si infilò nel letto del bambino e russò con gli altri due fino alle prime ore del mattino. E il tuo orsetto, russa anche lui? Questa notte ascoltalo bene. Buonanotte.

Topina sulla luna

Un giorno la topolina Pippa trovò sul lago una piccola astronave. Un bambino l'aveva dimenticata lì e così adesso la topolina ci si trasferì dentro. In una notte buia, fuori dalla stazione lunare si udì un gran baccano: spaventata, Pippa sbirciò fuori e vide una piccola fatina.

«Sono inciampata nella tua casa perché al buio non ci vedo» spiegò la fatina. «Però devo ancora portare tanti bei sogni a tanti bimbi. Se qualcuno potesse chiedere all'omino della luna di accendere la luce…»

Pippa ebbe un'idea. «Aspetta qui, volo su io.»

Si mise il casco e – *brooommm!* – partì con la sua astronave. In quattro e quattr'otto era arrivata. Sulla luna era proprio buio pesto e Pippa atterrò con uno scossone. Quando scese dalla scaletta, davanti a sé vide l'omino della luna, che le offrì gentilmente un tè lunare con biscotti lunari, ma la topolina gli spiegò che sulla terra c'era buio e che la fatina dei sogni non riusciva a trovare i bambini e lo pregò di riaccendere la luna in fretta.

«Oh, questa sera lo avevo proprio dimenticato. Grazie di avermi avvisato!» esclamò l'omino della luna, e subito premette un pulsante dorato. Ci fu un ronzio, lampeggiò qualcosa, e alla fine si accese una bella luce argentata che si fece sempre più grande finché tutta la luna non fu illuminata.

Pippa lo ringraziò di cuore e tornò sulla terra. Là l'aspettava la fatina, che le diede un bel bacio e si affrettò ad andare a visitare i tanti bambini a cui voleva portare tanti sogni.

Chissà, magari la fatina sta per venire anche da te. Su, presto, chiudi gli occhietti e lascia che ti porti un bel sogno.

Il fantasma pauroso

Era notte e il fantasma si annoiava. Che senso aveva aggirarsi se tutti dormivano e lui non poteva spaventare nessuno? Perfino la sua amichetta, Nina, dormiva. "Be', oggi tenterò la sorte nel bosco" pensò il fantasma, e si incamminò.

«*Buh buh!*» gridò con la sua voce profonda aggirandosi tra gli alberi. Faceva un rumore talmente sinistro che si sentì davvero orgoglioso di se stesso. Ma nel bosco non si spaventò neppure un animale, anzi! Gli scoiattoli dormivano beatamente nelle loro tane, i topolini continuavano a serpeggiare fra i cespugli in cerca di semi, le lepri giocavano al chiaro di luna.

Solo il gufo fissava il fantasma con i suoi occhioni. Il fantasma stava per lanciare un altro spaventoso "*Buh buh!*" quando il gufo urlò a sua volta: «*Uh uh!*»

Il fantasma sbarrò gli occhi spaventato e rimase senza fiato, poi scappò più in fretta che poteva. Tornò tremante a casa di Nina, ma aveva tanta di quella paura che non ricordava più come si faceva a passare attraverso i muri e le porte chiuse. E adesso era pure troppo stanco per volare. Doveva chiedere aiuto a Nina.

Perciò prese un paio di sassolini e li tirò contro la finestra. Per fortuna la bimba sentì il crepitio e guardò fuori.

«Per favore, buttami giù la chiave di casa» gridò il fantasma. Nina lo accontentò e lui aprì pian piano la porta come un uomo qualsiasi e salì le scale a piedi. Quando il fantasma le raccontò di quello spaventoso "*Uh uh!*" nel bosco, Nina scoppiò in una sonora risata: lei sapeva benissimo chi era stato! Poi diede al fantasma un bel bacio della buonanotte, lo sistemò nel vecchio letto delle bambole e di lì a poco facevano a gara a chi russava di più.

Ssst ssst… e adesso dormi bene anche tu.

Poldo in acqua!

Vacanze! Quest'anno Yannick sarebbe andato in campeggio al lago con i suoi genitori e naturalmente con loro sarebbe venuto anche il suo orsetto Poldo. Una volta montata la tenda, noleggiarono una barca a remi per andare a visitare la fattoria di un contadino dall'altra parte del lago, dove c'era un vecchio asino, e si portarono dietro anche Poldo. Papà remava.

Erano quasi arrivati sull'altra sponda quando Yannick volle provare pure lui. Prese il remo di destra e papà quello di sinistra.

«Oh, issa! Oh, issa!» rimbombavano le loro voci sull'acqua.

Quando attraccarono, il bambino si accorse che Poldo non c'era più. Doveva averlo fatto cadere in acqua mentre si era seduto vicino al papà.

Yannick scoppiò in lacrime, era inconsolabile: quell'orsetto lo aveva da sempre! Dopo un po' la mamma gli propose di andare a vedere l'asinello, che proprio in quel momento stava mangiando. Dopo avergli dato la biada, il contadino andò a prendere un secchio d'acqua dal lago e lo rovesciò in una vecchia vasca davanti all'asinello. Ma oltre all'acqua, dal secchio cadde anche qualcos'altro.

«Il mio orsetto!» gridò Yannick correndo ad arrampicarsi sulla staccionata. Ma l'asinello lo anticipò e gli venne incontro con l'orsetto bagnato. Come un cagnolino posò Poldo ai piedi di Yannick, lo scostò con gli zoccoli e ragliò: «*Ih oh!*»

Il contadino venne ridendo alla staccionata. «Questa è Wanda. Fino a poco tempo fa lavorava in un circo itinerante, ma adesso è venuta a passare la vecchiaia da noi. E a quanto pare non ha dimenticato i suoi numeri!»

Yannick si strinse forte Poldo al petto, e pazienza se l'orsetto era tutto bagnato! Non lo lasciò più andare, neppure di notte quando dormiva e sognava di Wanda e del suo circo itinerante.

Per fortuna invece il tuo orsetto è asciutto. Stringilo forte al petto e dormi bene.

Patrick ha fame

Patrick era il topolino più grasso e pigro che si potesse immaginare. La cosa che preferiva più di tutte era starsene accucciato nella sua tana e dormicchiare. Un giorno però finì le sue provviste e si spaventò, perché significava che se non voleva morire di fame, doveva procurarsene di nuove. E a lui andare in giro non piaceva per niente! Si stava lamentando a gran voce quando arrivò una fatina: voleva aiutarlo a vincere la sua pigrizia, perciò decise di giocare d'astuzia. Aveva con sé un casco per bicicletta, delle scarpe da ginnastica e una tuta.

«So dove si trovano le cose più squisite al mondo, ma non posso trasportarle tutte da sola» gli disse per attirarlo. «Vieni con me.»

E con una risata, andò verso una bellissima bicicletta. Patrick sentiva già brontolare lo stomaco, perciò la seguì di malavoglia. Sulle prime lo trovò faticoso, sbuffava come una locomotiva a vapore e gli facevano male le zampette. A poco a poco, però, la corsa incominciò a divertirlo, diventò sempre più veloce e dimenticò la stanchezza.

Corse dietro alla fatina e a un tratto si ritrovarono davanti alla sua tana! Patrick era stupefatto: accanto alla porta c'era una montagna di frutta.

«Questo è il premio perché hai corso bene!» gli disse la fatina ridendo sotto i baffi.

«E mi sono pure divertito!» ammise Patrick. Poi promise che in futuro ci avrebbe pensato da solo. Assaggiò un po' di tutto e ben presto si sentì sazio. Per la stanchezza gli si chiudevano gli occhietti: aveva corso davvero tanto!

La fatina sorrise, balzò sulla sua bici e corse via. Anche lei si era un po' stancata con i suoi incantesimi e voleva schiacciare un meritato pisolino.

E tu, hai corso tanto oggi? Anche tu ti sei meritato una buona notte di sonno! Buonanotte, topolino mio.

La chiavetta

Che eccitazione!

Zia Julia si doveva sposare il giorno dopo e Lili le avrebbe fatto da damigella! E dato che la festa si sarebbe tenuta in un vero castello, la mamma le aveva comprato uno splendido vestito: sembrava una fatina.

La bimba voleva indossare anche la sua collanina preferita, un filo con una minuscola chiavetta d'argento come ciondolo. Ma quando la stava mettendo attorno al collo, il ciondolo cadde per terra e scomparve.

Disperata, Lili mise sottosopra tutta la sua stanza, ma la chiavetta non si trovava, così scoppiò in lacrime. Poi però lo sguardo le si posò su un buco vicino all'armadio: la chiavetta poteva essere scivolata lì dentro…

Guardò in quel buco scuro e in effetti vide scintillare qualcosa: la chiave! Lili pensò a come tirarla fuori da quel buco così stretto: le sue dita erano troppo corte, il righello troppo lungo, la matita troppo sottile e lo scacciamosche troppo piatto. Fu tutto inutile, la chiavetta era irraggiungibile.

All'improvviso, però, dal buco spuntò il musetto di un cricetino che subito scomparve di nuovo, ma poco dopo ritornò con la chiavetta fra i denti e la posò proprio davanti ai piedi di Lili!

Felicissima, la bimba prese il ciondolo.

Però decise di ricambiare il favore al criceto e gli chiese che cosa desiderasse. Il criceto aveva una gran fame e strizzò alla bimba i suoi occhioni neri.

Poi squittì forte forte finché a Lili non parve di sentire chiaramente la parola "formaggio", perciò lo prese dolcemente fra le mani e corse con lui in cucina, accanto al frigorifero.

Il criceto sgranò gli occhi davanti a tutte quelle provviste!

E nel bel mezzo di quel paradiso c'era proprio un'enorme forma di formaggio, così grossa che il criceto non ne aveva mai visto una uguale neppure nei suoi sogni.

Lili rise e la posò per terra.

«È tutto per te perché mi hai aiutata» gli disse voltandosi verso di lui.

Ma quello si era già tuffato nel formaggio con un gridolino di gioia; adesso spuntava solo la sua codina monca e Lili sentì un gran biascichio…

E se ascolti bene anche tu, il criceto sta sgranocchiando ancora adesso. Ma lo sentirai ancora meglio se adesso chiudi gli occhietti e… ssst!

Il piccolo fuggiasco

Era mezzanotte e la luna splendeva allegra e luminosa sul lago. "È l'ora dei fantasmi!" pensò il fantasma, e decise di andare a farsi un bel bagno al chiaro di luna.

In mezzo al lago trovò una barca in cui era seduto un bambino che remava con tutte le sue forze. Il fantasma si avvicinò e gli si sedette vicino.

«Che ti succede?» gli chiese gentilmente.

«Voglio andare in America!» rispose cocciuto il ragazzo. «Papà e mamma sono cattivi! Se ne vanno al cinema e mi lasciano a casa.»

«Oh, mi piacerebbe avere una casa anch'io» ribatté il fantasma. «E invece devo sempre andare in giro di qua e di là senza potermi riposare. Come sarebbe bello avere un bel lettino caldo e due genitori che mi raccontano la favola della buonanotte.»

Il bambino ci pensò su: la sua casa era proprio così! D'un tratto si accorse di essere molto stanco e non vide l'ora di dormire nel suo letto.

«Ti faccio una proposta» gli disse intanto il fantasma. «Io tiro la tua barca a riva e ti riporto in volo in camera tua, così nessuno si accorgerà che eri scappato. In cambio però mi farai accoccolare nel tuo lettino per un po'.»

Era una buona idea e il bambino era d'accordo.

«Su, allora si va» disse il fantasma, e tirò la barca a riva. Poi volò per aria con il bambino e ben presto il piccolo fuggiasco si ritrovò nel suo letto. Il fantasma si coricò accanto a lui e il bambino gli raccontò una lunga storia.

Quando ebbe finito, il fantasma disse: «È stato bello!»

Il bambino annuì e subito si addormentò. Dormi bene anche tu: forse un bel fantasmino si poserà anche sul tuo cuscino a vegliare sul tuo sonno.

La strega cattiva

Il principe Orlando cavalcava nel bosco sul suo asinello quando incontrò Elena con la sua amica Tara. Elena era dolce e bellissima e subito il principe si innamorò di lei. Anche Elena voleva bene al principe e quello stesso anno celebrarono le nozze, ed Elena diventò principessa a sua volta. Nessuno dei due, però, sapeva che Tara era una strega e che anche lei voleva diventare una principessa.

Quando Elena e Orlando ebbero un figlio, Tara giurò vendetta. Andò a trovarli, si chinò sulla culla, tirò fuori di nascosto una chiave magica con uno spago e lo strinse al polso del piccolo Karl, poi gridò alla sua amica: «Tuo figlio è maledetto!»

E in quell'istante, Karl sparì senza lasciare tracce e Tara scappò via ridendo.

Elena e Orlando cercarono il loro bambino dappertutto, ma non lo trovarono da nessuna parte. D'un tratto un topolino corse da Elena. La principessa, spaventata, balzò su uno sgabello e chiamò urlando i servitori che dessero la caccia al topo, ma quello era velocissimo e filò via.

Quando l'indomani mattina Elena si svegliò, il topolino era sul suo comodino e squittiva implorante. Elena avrebbe voluto mettersi a gridare un'altra volta, ma poi notò una cosa: il topolino portava sulla zampa davanti una minuscola chiavetta. Esitante, Elena lo prese fra le mani e si lasciò annusare. Il topolino stese le zampette. Adesso la principessa osò staccare lo spago e… oh! Non appena ebbe tolto la chiave, il topolino incominciò a crescere e a crescere e in breve Elena poté nuovamente cullare il suo bambino fra le braccia.

Tara non aveva creduto che Elena sarebbe stata capace di vincere la sua paura dei topi, e quando lo venne a sapere, per la rabbia la strega cattiva andò in mille pezzi.

Ora le streghe cattive non esistono più, perciò puoi dormire tranquillo.

Il fantasma di Leonie

Tu credi che tutti i bambini abbiano un orsetto? Non è vero. Leonie non aveva nessun orsetto, però aveva un fantasma, un vero fantasma che riusciva a vedere solo lei. Si chiamava Linus. Un pomeriggio Linus era apparso gridando: «*Uh uh*! Sono qui!» e dato che Leonie non temeva i fantasmi, i due avevano fatto amicizia in fretta. Avere un fantasma è una comodità: ha sempre tempo; può volare per la stanza come un palloncino; e quando sei triste, lui ti fa venire il buon umore; se invece sei arrabbiato, ti strappa una risata tanto forte che la rabbia vola via. Sì, un fantasma è sempre con te.

Un giorno Leonie doveva imparare a nuotare nel lago, ma aveva una paura matta dell'acqua. Stava sulla riva e non voleva entrare, non voleva dare ascolto alla mamma. L'acqua era tanto fredda, e poi era... bagnata! A un tratto vide svolazzare per aria qualcosa di bianco: era venuto Linus!

«*Uh uh*, Leonie!» gridò lui facendo una capriola per aria. «Guarda un po' qua!» E subito fece un bel tuffo. «*Uh uh!*» esclamò. «Che divertente!» Leonie infilò cautamente un alluce nell'acqua. «Vieni!» le urlò di nuovo il fantasma schizzando divertito tutto attorno. Leonie rise così tanto che si dimenticò perché avesse paura. Fece un bel respiro, si lasciò scivolare in acqua e incominciò cautamente a muoversi come una ranocchia. Non era mica tanto difficile. Anzi, era davvero divertente. La mamma, che non poteva vedere Linus e nemmeno sentirlo, si stupì di come avesse fatto in fretta Leonie a imparare a nuotare. Ben presto la bambina inseguiva il fantasma tutta orgogliosa. Quella sera Leonie si sedette con Linus sul davanzale a guardare felice il lago sotto di sé. Nuotare è stancante e Leonie sbadigliò. Quando si fu addormentata, Linus la portò pian piano nel suo lettino. «Buonanotte» le sussurrò, e scivolò dolcemente nel cassetto del comò dove si era fatto una cuccia. Anche lui sbadigliava forte. Oh, guarda, sbadigli anche tu... stai già dormendo?

Dov'è finito Flavian?

Lars viveva in un grande castello. Suo padre era il capo degli stallieri ed era responsabile dei cavalli. Nella stalla c'era anche un piccolo asinello, Flavian, e Lars era l'unico autorizzato a dargli da mangiare. I due erano grandi amici e passavano insieme ogni minuto libero.

Una sera il bambino andò nella stalla e si prese un bello spavento: Flavian non c'era più! Lo cercò dappertutto, ma nessuno lo aveva visto. Quando Lars si accorse che la grande porta era spalancata, corse fuori e si guardò attorno. Scovò le tracce degli zoccoli di Flavian nella terra umida e le seguì fino a un ruscello: finivano lì. Di Flavian, però, non c'era nessuna traccia.

Si stava già facendo buio e in cielo si levò la luna.

«Carissima luna, se solo sapessi dov'è Flavian!» sospirò Lars.

La luna ebbe compassione del bambino e con i suoi raggi argentei cercò nei campi, nei frutteti e sui ruscelli e alla fine scorse Flavian. Il piccolo asinello era in mezzo a un prato e non osava fare un passo avanti perché aveva paura del buio.

Allora la luna gli mandò un raggio luminoso davanti alle zampe per illuminargli la strada. Riconoscente, Flavian trotterellò seguendo il bagliore. Poco dopo si trovò al ruscello e vide Lars seduto sulla riva.

«*Ih oh!*» ragliò e Lars, che già aveva perso ogni speranza, balzò su sorpreso. Buttò teneramente le braccia al collo di Flavian e lo accarezzò. Poi gli balzò in groppa e i due se ne rientrarono alla stalla trotterellando felici.

Quella notte Lars rimase con il suo amico e i due dormirono sodo fino all'indomani mattina. Rannicchiati anche tu nel tuo lettino e dormi sodo fino a domani.

Il minifantasma

Ancora una volta il topolino non riusciva ad addormentarsi. La luna splendeva alta nel cielo e immergeva il paesaggio intorno al lago in una luce argentea. Tutto era sereno e silenzioso. Il topolino uscì dal suo letto e prese il suo bastone per andare a fare una passeggiatina notturna. Era partito da pochi minuti quando si fermò per lo spavento: davanti a lui fluttuava qualcosa di grigio, mezzo trasparente. Sembrava che in aria svolazzasse un fazzolettino. Il topolino raccolse tutto il suo coraggio, si avvicinò piano e chiese a quell'essere: «E tu chi sei?»

«Sono un fantasma» spiegò lui. «Un fantasma pericoloso!»

Il topolino rise perché visto da vicino quell'affare non sembrava pericoloso proprio per niente. Perfino la luna gli brillava attraverso!

«Non ridere!» si arrabbiò il fantasma. «Quando sarò grande, farò paura a tutti e tutti si spaventeranno e scapperanno via gridando! *Buh! Bu-bu-buh!*» Voleva sembrare spaventoso.

«Però dovrai esercitarti un bel po'» rise il topolino. «E dovrai anche crescere parecchio!»

«Bah!» ribatté insolente il fantasma. «Fra duecento anni sarò più grande di te!»

Il topolino rise di nuovo. «Oh, sai che paura! Vorrà dire che spaventerai i bassotti nani!»

Il fantasma si arrabbiò moltissimo e stava per buttarsi sul topolino, ma poi ci ripensò.

«Vedrai!» borbottò e svolazzò via brontolando piano. Il topolino proseguì contento per la sua strada.

"Di sicuro non avrò mai più paura dei fantasmi, se cominciano sempre così piccoli" pensò. La passeggiata l'aveva stancato e non vedeva l'ora di tornare nel suo bel lettuccio caldo.

Infilati anche tu nel tuo lettino e dormi bene.

Emma e Krum

Emma era andata con papà e mamma a fare una passeggiata nel bosco. Gli uccellini cinguettavano e il sole disegnava macchie di luce sul suolo. Emma aveva con sé il suo orsetto Krum sotto il braccio e seguiva di buon passo i suoi genitori. Poi scorse un formicaio sul ciglio della strada e si fermò, posò per terra Krum e si mise a osservare le frettolose formiche.

Intanto papà e mamma avevano proseguito, e quando chiamarono Emma perché era ora di tornare a casa, la bambina salutò ancora una volta le sue nuove amiche e si precipitò dai genitori.

A casa, Emma si accorse di avere dimenticato l'orsetto, e tutta agitata andò dalla mamma per chiederle il permesso di tornare a prenderlo. Purtroppo però si era già fatto buio e la mamma chiese alla bimba di pazientare fino all'indomani. Pregare e implorare non servì a niente: sarebbe dovuta andare a dormire senza Krum.

Emma non trovava pace. I suoi pensieri tornavano sempre al suo povero orsetto, che adesso giaceva tutto solo nel bosco e di sicuro stava morendo di freddo. Scoppiò in lacrime. A quel punto, una luce baluginante inondò la sua stanza e davanti al suo letto Emma vide una fatina. Aveva sentito il pianto di Emma ed era subito volata da lei.

Singhiozzando, la bambina le raccontò del povero Krum. E se i topi lo avessero mangiato, o se si fosse messo a piovere? Ah, le dispiaceva così tanto di averlo dimenticato. Ma la fatina le disse: «La tua compassione ti ha aiutata».

Girò tre volte in cerchio e – *sim-sala-bim!* – dai suoi veli fluttuanti tirò fuori l'orsetto! Emma strinse forte Krum fra le braccia senza più lasciarlo andare. «Non ti dimenticherò mai più da nessuna parte» gli promise.

E ora, anche tu stringi il tuo peluche fra le braccia, chiudi gli occhietti e sogna una meravigliosa fatina!

Il fantasma del castello

In un castello viveva da centinaia d'anni un piccolo fantasma. Tutte le notti si aggirava fra le vecchie mura, ma da solo non era divertente, perciò una sera decise di andare in città per spaventare la gente. Però tutti erano già andati a dormire e in giro non si vedeva nessuno a cui potesse fare paura. Finché non scorse una finestra aperta dietro cui brillava ancora la luce. Curioso, sbirciò all'interno, e nel letto vide seduto un bambino. Philipp non riusciva ad addormentarsi, perciò raccontava le storie della buonanotte al suo orsetto. Il fantasma si mise ad ascoltare: era emozionante. Pian piano scivolò più vicino perché non voleva perdersi neppure una parola e alla fine arrivò a sedersi sul bordo del letto. A quel punto Philipp lo vide e si fermò stupito. Aveva sempre desiderato vedere un fantasma e perciò non aveva paura di lui. «Puoi stare a sentire anche tu, se vuoi» gli disse. «Sono arrivato giusto al punto in cui il cavaliere Orsetto sconfigge il drago.»

Il fantasma annuì entusiasta, perché le storie di cavalieri gli piacevano un sacco.

Quando Philipp ebbe finito, disse: «Adesso però tocca a te raccontare una storia».

E il fantasma incominciò: «Una volta nel mio castello arrivò un cavaliere grasso...» E raccontò e raccontò e raccontò finché a Philipp non si chiusero gli occhietti. Il fantasma aspettò ancora un po', poi rincalzò le coperte a Philipp e all'orsetto e se ne tornò in volo nel suo castello. L'indomani, decise, sarebbe tornato a trovare Philipp e gli avrebbe raccontato nuove storie. Era molto più divertente che aggirarsi tutto solo.

E adesso, anche tu chiudi gli occhietti, io ti rincalzo le coperte e domani ci sarà una nuova storia. Buonanotte.

Il salvatore grigio

Di notte, quando quasi tutti gli animali del bosco dormivano, il piccolo topolino strisciò fuori dalla sua tana e fiutò l'aria. Dov'era il gufo? Sperava proprio che non gli avrebbe dato di nuovo la caccia! Tenendosi al riparo dei tronchi e dei rami circostanti, il topolino avanzò a tastoni nel bosco in cerca di ghiande e di nocciole. La luna splendeva luminosa e così il topolino trovò una squisitezza dopo l'altra. Sgranocchiando tutto contento, dimenticò ogni cautela e non si accorse del gufo sull'albero sopra di lui che aspettava solo il momento buono per acchiapparlo.

Il topolino stava proprio per aprire una nocciola più grande delle altre quando all'improvviso su di lui si posò un'ombra scura.

«Il gufo!» gemette il topolino. Si acquattò, chiuse gli occhi e pregò di essere diventato invisibile.

«*Ih oh!*» sentì tuonare sopra di sé. Non sembrava per niente il gufo… Il topolino aprì gli occhi e vide un viso grigio quasi quanto il suo, solo molto, molto più grosso.

«Ma tu non sei il gufo» disse.

«No, sono un asinello. Un asinello affamato. E vedo che lì tu hai tante cose buone: mi daresti qualcosa?»

«Certo, se in cambio mi fai salire sulla tua groppa» rispose il topolino.

«Volentieri» rispose l'asinello. «Un peso piuma come te non mi dà alcun fastidio.»

Sollevò pian piano il topolino per il codino e se lo posò delicatamente sulla groppa. Il topolino si accoccolò sul suo mantello grigio e si mise bello comodo. Lì il gufo non sarebbe di certo riuscito a trovarlo. Di nascosto, il topolino, tutto contento gli fece una bella linguaccia. Poi, siccome l'avventura lo aveva stancato, si addormentò felice. Buonanotte, topolino.

E buonanotte anche a te.

Il raduno di sogni

Lisa amava molto travestirsi. Da cowboy, da coniglio o da pagliaccio: le venivano sempre idee nuove. Un giorno si travestì da fatina, saltò in sella alla sua bici e andò a prendere la sua amica Emma. Anche lei si era vestita da fatina. Insieme andarono al parco giochi nel bosco. Quando le bambine arrivarono lì e corsero all'altalena, videro che c'era già seduto qualcuno, un esserino piccolo con lo stesso costume di Lisa.

«E tu chi sei?» domandò la bambina stupita.

«Io sono una fatina dei sogni e mi chiamo Fiona» rispose allegra la fatina. «Venite da me per il raduno di sogni?»

Lisa ed Emma si guardarono stupite: doveva averle scambiate per qualcun altro!

«Purtroppo non so fare hocus pocus e neppure abracadabra» disse Lisa imbarazzata.

Ma Fiona saltò giù dall'altalena e disse: «Poche storie, non c'è ragione di essere così timide!» e prese le due amichette per mano. Poi mormorò: «*Sim-sala-bim*, vi voglio tutte e due piccolin» ed ecco che le due bambine erano diventate piccole come Fiona. Quindi mormorò ancora: «*Sim-sala-bù*, portaci tutte in su» e subito le tre volarono in aria e fluttuarono fin sulle nuvolette in cielo.

Le due bambine erano strafelici. Dietro una nuvola fecero una curva e a un tratto la fatina disse che erano arrivate. Atterrarono su una nuvola un tantino bruscamente.

«Oplà!» rise Fiona. «Siamo andate un po' troppo in fretta!»

Veloce come un lampo, risistemò i loro vestiti e poi fece cenno alle due di seguirla. Corsero su per un grande arcobaleno fino a un enorme letto di piume. Nel letto stavano comodamente seduti stretti uno vicino all'altro molti strani esseri fatati: unicorni e maghi, streghe ed elfi, nani e gnomi. Ma fra loro c'erano anche creature di cui Lisa ed Emma non avevano mai sentito parlare. C'erano esseri con lunghi colli e puntini colorati, con orecchie grosse come quelle degli elefanti e proboscidi come stelle filanti. Fiona si lasciò cadere sul letto e salutò i suoi nuovi amici.

«Venite con noi» le invitò un mago dal viso appuntito. «Stavamo per cominciare.»

Chiuse gli occhi e subito si mise a russare. Anche gli altri esseri si accomodarono sui cuscini e ben presto caddero addormentati in un sonno profondo.

«Una volta l'anno ci vediamo qui e sogniamo tutti insieme» spiegò Fiona che già pregustava il divertimento. «E poi ci incontriamo in sogno e facciamo tutto quello che ci va. Raccontiamo barzellette, parliamo a rovescio, cantiamo e balliamo, facciamo dei bellissimi numeri sulle nostre biciclette e giochi di abilità con le palle finché non ci pieghiamo in due dal ridere. Venite con noi! Vi divertirete anche voi.»

Fiona fece l'occhiolino, chiuse gli occhietti e... si addormentò. Lisa ed Emma si scambiarono un'occhiata perplessa. Erano circondate da esseri magici che dovevano fare davvero dei sogni bellissimi, perché sorridevano e ridevano piano.

«Proviamoci anche noi» decisero Emma e Lisa, e chiusero gli occhietti. Ben presto si addormentarono e sulle labbra avevano lo stesso sorriso felice degli altri.

E se vuoi sapere che cosa hanno sognato di bello le due bambine, chiudi semplicemente gli occhietti anche tu, accoccolati nel tuo lettino e fa' come loro.

Serratura cercasi

Quando Niko andò nel bosco, trovò una vecchia chiave in una pozzanghera fangosa. «Ehi, tu, vecchia chiave» disse allora. «Che cosa ci fai qui nel bosco?»

«Ottima domanda» bofonchiò la chiave. «Me ne sto qui ad arrugginire perché sono caduta dalla tasca di un uomo.»

«Ma dov'è la tua serratura?» chiese Niko.

«Non ne ho idea» rispose la chiave. «Quando non stavo nella toppa, ero sempre in quella tasca buia dei pantaloni.» Il bambino scoppiò a ridere, la raccolse e la studiò. Poi gli venne un'idea. «Io conosco un fantasma che è stato dappertutto ed è incredibilmente sveglio. Chiederò a lui se può aiutarci!» disse.

Niko mise due dita in bocca, fece un fischio, ruotò il berretto ed ecco che il fantasma arrivò in volo. Guardò a lungo la chiave e poi disse: «Direi che appartieni a una vecchia casa signorile. Anzi, penso che possa trattarsi solo della villa che sta due paesini più in là. Tienti forte, Niko, e bada a non perdere la chiave durante il volo».

Avvolse per metà il suo lenzuolo da fantasma attorno a Niko e subito partirono, sorvolarono boschi, strade e campi. Niko sentiva il vento sibilargli nelle orecchie.

Giunti al secondo paese, il fantasma fece un volo attorno al campanile, poi si diresse verso un vecchio orto e atterrò davanti alla grossa casa. «E ora, buona fortuna» disse.

Niko infilò la chiave nella pesante serratura di ferro della porta di legno: girò alla prima e cigolò di gioia, perché era di nuovo al suo vecchio posto. Poi ringraziò Niko e il fantasma.

Quella sera, prima di addormentarsi, Niko ripensava ancora alla sua grande avventura. Di sicuro l'avrebbe sognata!

E tu, quale avventura vuoi sognare questa notte?

Come farà Gismo ad addormentarsi?

Era il primo giorno di Gismo al castello. Il fantasma non faceva che perdersi fra le tante stanze e si spaventava sentendo il pavimento scricchiolare o i rami picchiare contro i vetri. «Ma qui è davvero sinistro» sussurrò sentendo il vento soffiare tra i muri.

«Non avrai mica paura?» ridacchiò una vocina. «C-chi parla con me?» chiese Gismo, e si voltò a guardare da tutte le parti. «Un fantasma che ha paura di un topolino!» arrivò una risata da un angolo. Gismo scorse il topolino e ne fu sollevato. Per lo meno in quell'enorme castello non era solo. «Non riesco più a trovare la mia stanza» confessò. «Non c'è problema» gli disse il topolino. «Lo so io, dove abiti.» E mostrò a Gismo la strada. Nella torre dei fantasmi, Gismo svuotò la sua valigia. «Oh, no, mi sono dimenticato il mio orsetto!» esclamò. Mise a soqquadro la valigia ancora una volta, ma niente orsetto! Si accovacciò infelice sul letto. «E ora come faccio ad addormentarmi?» ululò. «Ma sei sicuro di essere un fantasma e non un frignone?» chiese il topolino. «Oh, fai presto tu a ridere» brontolò Gismo. «Io qui sono nuovo e ho nostalgia di casa. Questo è il mio primo lavoro!» Allora il topolino ebbe compassione del fantasma pauroso. «Se vuoi, ti presto il mio orsetto» gli disse. «Almeno per i primi giorni» e gli porse il suo peluche. E quello fu l'inizio di una lunga amicizia. E tu, ce l'hai il tuo orsetto fra le braccia? Sì? Allora sogni d'oro!

Ba, l'orsetto invisibile

Lara desiderava qualcosa di molto speciale, qualcosa che potesse rendersi invisibile. Però una cosa del genere non si trovava nei negozi, perciò al suo posto chiese un piccolo coboldo, e da quando lo ebbe, non volle più saperne di Ba, il suo vecchio orsetto.

«Un coboldo è forte» spiegò a Ba. «Gli orsetti invece sono una noia.» E così la bambina lo posò sulla mensola sotto la finestra e lo lasciò lì tutto solo. E Ba se ne rimase lì a guardare il lago dove Lara giocava con il coboldo. Avrebbe voluto tanto giocare anche lui!

Gli si avvicinò in volo una fatina. «Non piangere, piccolo orsetto» gli sussurrò porgendogli un fazzolettino trasparente. «Mettitelo sopra e diventerai invisibile, e allora Lara avrà ciò che vuole, qualcosa che possa rendersi invisibile.» Ba non esitò un istante, prese il fazzoletto e – *ta-dà!* – era scomparso.

Quando quella sera Lara ritornò a casa dopo aver giocato, cercò il suo orsetto dappertutto, ma non riuscì a trovarlo da nessuna parte. A essere proprio sinceri, in realtà ne sentiva la mancanza: il suo coboldo era divertente, certo, però era anche un bello scalmanato. E poi non era neanche lontanamente caldo e morbido come Ba. Ma Ba dov'era andato a finire?

Se ne andò a letto mogia mogia e si infilò sotto le coperte. Non aveva idea che l'orsetto stesse ai piedi del letto e si sentisse triste nel vederla tanto infelice. D'altro canto, gli faceva piacere sapere che lei sentiva la sua mancanza.

Decise di rendersi di nuovo visibile, si tolse dalla testa il fazzoletto della fata... e fu di nuovo il buon vecchio Ba. Quando lo vide, Lara fu felicissima. «Mi sei mancato!» gli sussurrò all'orecchio. «Domani tornerai con me. E guai a te se diventi di nuovo invisibile, voglio poterti vedere sempre!»

Si accoccolò contro il suo morbido pelo, chiuse gli occhietti e presto si addormentarono entrambi.

E adesso fa' come loro, chiudi gli occhietti anche tu e dormi bene.

Un aiuto per Felizitas

Una grossa libellula venne a posarsi sulla barchetta giocattolo di Sven, che l'ammirò stupefatto. «Fantastico! Che splendido yacht che hai!» bisbigliò lei.

«Oh! E da quando le libellule sanno parlare?» esclamò Sven. Guardando meglio, però, si accorse che non era una libellula, bensì una donnina con le ali celesti. Sembrava proprio una fatina.

«Sono una fata e mi chiamo Felizitas. Vivo sull'isola in mezzo al lago, però mi sono slogata un'ala e non posso più tornare a casa. Potresti portarmi di là in barca?»

«Ma certo!» rispose Sven. Fece per caricare la barchetta, ma la chiave gli cadde nell'acqua e scomparve fra le alghe. Com'era triste Sven! Adesso la sua barca era inutile e la fatina non poteva tornare a casa.

Ma Felizitas lo rincuorò: «Vedrai che la ritroveremo presto». Si chinò sull'acqua e gridò: «*Blub blub*, pesciolini!» Ben presto un banco di pesciolini colorati affiorò attorno alla barca. «Non potreste per favore cercare la nostra chiave?» li pregò Felizitas.

«E che cosa ci dai se te la ritroviamo?» gorgogliò una grossa carpa.

Felizitas sospirò: «Non c'è più nessuno disposto a fare un favore per niente?»

Sven prese dalla tasca il suo panino al burro. «In cambio della chiave vi darò questo» promise. I pesci si tuffarono e la carpa tornò e sputò la chiave nella barchetta.

«Grazie tante» disse Felizitas. Così Sven poté caricare la sua barca, la fatina con l'ala slogata salì a bordo e la barchetta salpò. E mentre la fatina andava all'isola, il bambino diede il pane ai pesci. Forse questa notte sognerai Felizitas e la sua isoletta? Fai sogni d'oro: domattina mi racconterai tutto.

Una casa nuova

La vecchia stalla andava sempre più in rovina. La pioggia sgocciolava dal tetto e il vento soffiava tra le pareti. «Dobbiamo traslocare» disse Martina, la topolina, tremando di freddo. Peppo, l'asinello, era d'accordo. E così i due si misero in cammino. Camminarono a lungo quando a un tratto trovarono una bicicletta nuova di zecca in un fosso. «Se la vendiamo, ci facciamo di sicuro un mucchio di soldi e possiamo permetterci una stalla di lusso» disse Martina tutta contenta. «No!» tuonò severo Peppo. «Di sicuro appartiene a qualcuno che sarà contento di riaverla indietro.»

«Ahi ahi ahi!» piagnucolò intanto una vocina da un cespuglio. Martina frugò tra i rami e trovò una bambina che si stringeva il ginocchio sbucciato. «Sono caduta e non ce la faccio più a camminare» piangeva. «Ti aiutiamo noi» la consolò Martina, e chiamò Peppo perché venisse ad aiutarla. L'asinello si inginocchiò, la bambina si strinse forte alla sua criniera e gli salì in groppa. Con cautela, Peppo si rialzò. «Dove abiti?» chiese Martina.

«Al castello» rispose sommessa la voce dal dorso dell'asinello. Peppo trotterellò pian piano fino al cancello.

«Vi prego, fateci entrare, portiamo un ferito!» gridò Martina a squarciagola.

Subito il cancello si aprì e uscì il maggiordomo. «Fa molto male?» domandò vedendo la ferita. La bambina scosse la testa. «Non più» disse e sorrise a Martina e a Peppo. «Loro due mi hanno salvata.»

In segno di ringraziamento, l'asinello Peppo e la topolina Martina poterono alloggiare nella grossa stalla dietro il castello, e lì vivono ancora oggi.

E tu, stai comodo nel tuo lettino? Allora buonanotte.

Ustione lunare

La piccola fantasma Trilli viveva con i genitori in un vecchio albero cavo affacciato sulla riva di un lago. Di giorno dormivano e di notte uscivano per infestare i dintorni. Quando la luna tornò a splendere particolarmente luminosa, la mamma di Trilli l'avvertì: «Tirati ben su il cappuccio, se no ti prendi una bella ustione lunare».

La piccola non lo sopportava, il cappuccio. «Con quello non faccio spavento per niente» brontolò, e lo nascose fra l'erba alta della riva. Poi si incontrò con gli amichetti, i nibelunghi e gli spiriti del vento. Insieme scorrazzarono sulla palude, spaventarono anatre e pesci e svolazzarono sull'acqua. Che divertente!

Trilli non si accorse del passare del tempo e solo all'aurora si rese conto di avere mal di testa.

«Che strano» le disse un nibelungo. «Non sei più trasparente come al solito!» Trilli tornò mogia mogia a casa sua.

Mamma fantasma si portò le mani alla testa. «Oh, no, ti sei presa una brutta ustione lunare!» esclamò. «Per fortuna ho qua una pomata di alghe!» E gliela applicò subito.

Adesso Trilli era tutta verde e quella pomata non aveva per niente un buon odore. Non solo, doveva pure rimanere in casa per una settimana. Era molto peggio del cappuccio!

«La prossima volta me lo metterò!» giurò a se stessa Trilli prima di addormentarsi.

Be', tu un'ustione lunare non rischi di prendertela, però copriti bene se non vuoi prendere freddo, e buonanotte!

Il Castello Ben Satollo

«Forza, a letto, bambino mio» disse la mamma di Paul spingendolo verso la sua cameretta. Paul fece una smorfia, perché in realtà aveva una gran fame. A cena, tutto preso a raccontare ai suoi genitori dell'allenamento di calcio, non era quasi riuscito a mangiare, e adesso lo stomaco gli brontolava così tanto che gli sembrava di avere nella pancia due pale di elicottero.

Era a letto ma non riusciva ad addormentarsi, perché davanti a lui erano apparsi i fantasmi più folli: orecchie che sembravano pizze, proboscidi a forma di hot dog e mani come crêpe. Dietro di loro fluttuavano spiriti che profumavano di formaggio con spaghetti sulla testa. Erano tutti colorati, avevano un odorino davvero delizioso e gli ballavano proprio davanti al naso, ma ogni volta che lui cercava di acchiapparli, loro svanivano ridacchiando in aria.

Perciò scese dal letto e uscì pian piano dalla stanza per non farsi sentire dai suoi genitori. Senza fare rumore andò in cucina, e lì, nel bel mezzo del pavimento, con il piede toccò un oggettino piccolo e duro. Si chinò e lo prese in mano: era una chiave dorata! Ma da dove poteva venire? si chiese Paul rigirandosela stupito fra le mani.

Pian pianino, la chiave incominciò a brillare e a scintillare e alla fine tutto il pavimento era illuminato. In quel momento Paul si sentì sollevare in aria. Volò sempre più in alto e poi uscì dalla finestra della cucina nell'aria mite della notte. Sorvolò la sua casa, la città, laghi e boschi, finché a un tratto vide davanti a sé uno splendido castello e atterrò dolcemente.

Curioso, infilò la chiave nella toppa, e con un sommesso *clac*, la serratura cedette. La porta si aprì e Paul rimase a bocca aperta: davanti a lui si stendeva un atrio immenso, e dentro – incredibile a dirsi – ronzavano fantasmi di ogni tipo, i più buffi e simpatici che si potessero immaginare. Si accalcarono attorno a Paul e lo salutarono come vecchi amici. E fra di loro c'erano anche i fantasmi con le orecchie a forma di pizza e perfino quelli con le proboscidi a forma di hot dog e le mani che sembravano crêpe! Un fantasma grosso con i capelli di patatine fritte gli fece un bell'inchino.

«Benvenuto, padrone della chiave d'oro» gli disse. «Benvenuto al Castello Ben Satollo» e gli mostrò la tavola riccamente imbandita nel bel mezzo della sala.

E un altro fantasma minuscolo che sembrava un chicco di popcorn bisbigliò: «È tutto quanto per te! Assaggia pure quello che vuoi, ce n'è abbastanza!»

Paul non se lo fece dire due volte, si sedette, fece un gran respiro e incominciò. Assaggiò e masticò e leccò e sgranocchiò: era tutto buonissimo. Ma per quanto sul tavolo rimanessero ancora un mucchio di cose squisite, a un tratto Paul si sentì stanchissimo. Il cucchiaio gli cadde dalla mano e si addormentò soddisfatto... come adesso farai tu!

L'amico fidato

C'era una volta una piccola topolina che viveva da sola su un'isola in mezzo a un grande lago. Un giorno sui sassolini colorati della riva trovò un orsetto, portato lì dalle onde. Sembrava vecchio e consumato e aveva un grosso strappo nella pancia.

"Anche se non è più tanto bello, potrebbe comunque diventare mio amico" pensò la topolina. Da allora non si separò mai più da lui. Lo copriva di foglie perché stesse ben caldo, gli leccava tutta la rugiada dal muso e dopo la pioggia gli soffiava subito sul pelo per asciugarlo. Anche se la topolina sapeva che un orsetto non è proprio un essere vivente, era contenta perché per lei era un vero amico. L'estate terminò e venne l'autunno. Una sera – era già piuttosto freddino – la topolina si accoccolò vicino all'orsetto e si addormentò. Allora le apparve una fatina.

«Dato che ti sei presa cura così fedelmente dell'orsetto, soddisferò il tuo più grande desiderio» disse con voce dolce, e poi sparì.

Quando la topolina si svegliò non credeva quasi ai propri occhi: l'orsetto era seduto all'asciutto, il suo pelo brillava, il buco nella pancia era sparito e fra le braccia stringeva un nido di fogliame, erba e piume. E nel mezzo c'era un topolino che ammiccava allegro. Raggiante di gioia, la topolina saltellò dal suo nuovo compagno: finalmente non era più sola. E vissero insieme felici e contenti.

Tanti saluti ai topolini e buonanotte!

Mia e l'asinello del circo

Giù giù in fondo al lago viveva una sirenetta di nome Mia. Pesci, castori e granchi erano suoi amici, ma aveva amici anche fra gli animali che venivano al lago per bere l'acqua fresca. Una sera, quando la luna splendeva luminosa sopra il lago, sentì un fruscio nel cespuglio vicino. Mia guardò curiosa fuori dall'acqua: davanti a lei c'era un asinello piccolo come un cagnolino. Sulla testa portava un pennacchio di piume colorate. «E tu chi sei?» chiese Mia.

«Mi chiamo Paolo» rispose l'asinello nano. «Lavoro al circo. Ma tu mi sembri una bambina strana, chi sei?»

«Sono una sirena» disse Mia. «E il tuo circo adesso dov'è?»

«Il mio circo è ripartito senza di me» rispose Paolo triste. «Volevo corrergli dietro, ma i carrozzoni erano troppo veloci.»

Quando Paolo sospirò così profondamente, Mia promise di aiutarlo. Fischiò e subito arrivarono i suoi amici. Insieme confabularono sul da farsi. Prima di tutto i caprioli andarono in cerca del circo e lo trovarono sull'altro lato del grosso lago. Poi i castori costruirono una zattera per l'asinello, i granchi annodarono le cime e i pesci le usarono per trainare la zattera sul lago. Sull'altra riva aspettavano già le volpi che volevano mostrare a Paolo la strada per la radura in cui il circo aveva piantato le tende.

Paolo ringraziò moltissimo Mia e i suoi amici per l'aiuto, poi seguì le volpi. Mia invece si lasciò scivolare soddisfatta in acqua e se ne tornò a casa, dove il suo lettino di canne l'aspettava già.

E il tuo lettino ti aspetta? Allora accoccolatici dentro e sogna Mia e Paolo, i caprioli e le volpi.

La fatina scura

Per andare all'asilo, Jörg doveva passare davanti a un breve tratto di bosco. Ogni volta lo faceva di corsa perché tutti sapevano che lì viveva una fatina scura. Un giorno il bambino vide tra gli alberi una bicicletta. Ne aveva sempre desiderata una così, color giallo acido con il manubrio nero! Con un sospiro, Jörg proseguì. "Di sicuro sarà di qualcuno" pensò. Ma nei giorni successivi la bicicletta era sempre lì, nello stesso posto.

Alla fine Jörg non resistette più, raccolse tutto il suo coraggio e si avvicinò. Ma non appena toccò il manubrio, sentì una risatina maligna dietro di sé. Si voltò e vide la fata scura. Per la paura, il cuore gli sprofondò quasi nei pantaloni.

La fatina urlò: «Hai accettato il mio regalo, adesso dovrai rimanere per sempre qui e servirmi!»

Veloce come un lampo, Jörg ebbe un'idea. «Quindi questa bicicletta è per me?» chiese.

La fatina annuì.

Allora Jörg disse: «Posso farti vedere un paio di bei numeri!»

La fatina era curiosa. «Avanti, vediamo» disse.

Jörg salì sul sellino, pedalò sul posto, guidò con una mano sola e poi fece perfino un pezzo senza mani.

La fatina, entusiasta, non si accorse che Jörg si avvicinava sempre di più alla strada. Quando mancavano pochi metri, il bimbo pestò con forza sui pedali, volò fuori dal bosco più veloce del vento e se ne tornò lesto lesto a casa. Non si sarebbe mai più fatto attirare dalla fatina scura del bosco!

Se anche tu sei scaltro come Jörg, fila presto presto sotto le coperte, e domani sarai riposato per vivere tante nuove avventure!

Un fantasma nella cucina del castello

«Ma che succede qui?» si stupì Kuki entrando in cucina. La topolina faceva la cuoca nel castello del re. «Eppure non vedo niente.» Il pavimento davanti al frigorifero era sporco di briciole e di macchie di salsa. «Ieri avevo lasciato pulito e avevo chiuso la cucina a chiave.» Studiò la chiave che teneva in mano. «Questa sera mi apposterò e beccherò questo briccone» decise la cuoca. Kuki stava cercando di non addormentarsi quando a un tratto la porta del frigorifero si aprì da sola. La luce si posò su un fantasma che staccò un pezzetto di torta e lo annusò, poi prese un cucchiaio di minestra e lo avvicinò al naso: «Delizioso!» «Ma che cosa ti viene in mente!» urlò la topolina saltando fuori dal suo nascondiglio. Il fantasma lasciò cadere il cucchiaio e la minestra si rovesciò sul pavimento. Era così pentito che quasi diventò trasparente. «I tuoi piatti, cara Kuki, hanno un profumino tanto delizioso che non sono riuscito a resistere» sussurrò. La topolina chiese: «E perché poi non mangi niente?» «Ma guardami, non ho un corpo vero. Un fantasma non può mangiare, però ho un naso fino, e il cibo che fai tu ha un profumo squisito!» Quella lode lusingò talmente Kuki che fece un'offerta al fantasma: «Lavora con me. Prima che i miei piatti arrivino sulla tavola del re, li annuserai, e se ti accorgerai che manca una spezia, dovrai dirmelo.» Il fantasma ballò per la gioia: ora non doveva più introdursi in cucina di soppiatto, anzi, aveva ricevuto un incarico importante. Avrebbe iniziato l'indomani. Tu, invece, domani le cose buone non le annuserai soltanto, le potrai anche mangiare. Buonanotte!

Il fantasma di zucchero a velo

Alina viveva nei pressi del bosco, in una casa con un grande giardino. D'estate la bambina sedeva spesso sotto il grosso abete e leggeva libri illustrati o costruiva per la sua bambola un letto di aghi di pino e di foglie. Ora era arrivato l'autunno, le giornate si facevano sempre più corte e spesso la notte faceva davvero freddo. Alina era a letto con la sua bambola e dormiva.

Nel cuore della notte, però, si svegliò: dalla tenda entrava una strana luce blu. Si alzò, andò alla finestra e guardò fuori. Il giardino era scomparso! Dove ancora il giorno prima c'era un prato, adesso scintillava una coperta azzurrina. I cespugli si erano trasformati in sfere bianche e la luna gettava grandi ombre sullo spiazzo bianco. In fondo al giardino, poi, si levava un enorme fantasma triangolare, con un berretto a punta, che la guardava fisso.

Alina si strinse la bambola al petto: aveva freddo, ma non osava tornare a letto. A un tratto la porta si aprì ed entrò la sua mamma. «Là fuori c'è un fantasma!» sussurrò Alina.

La mamma venne da lei alla finestra e guardò. «Ma no» le disse tranquillizzandola. «Guarda meglio.» Alina guardò un'altra volta e vide ancora il grosso fantasma. La mamma la prese fra le braccia e rise. «È nevicato e il fantasma è il tuo abete preferito ricoperto di neve!» Adesso rise anche Alina: era vero, la prima neve aveva ricoperto il giardino come zucchero a velo e la luna tingeva tutto di azzurro con la sua luce pallida. Adesso Alina non aveva più paura. Non vedeva l'ora che venisse l'indomani, quando avrebbe tirato fuori lo slittino dalla cantina. In fretta si infilò sotto le coperte nel suo letto caldo e sognò tante belle discese in slitta.

E tu, che cosa sognerai questa notte?

Il compleanno

Noah era eccitato: quel giorno festeggiava il suo quinto compleanno e sarebbero venuti i suoi migliori amici: Sarah, Max, Jonas ed Emma. *Portate i costumi da bagno e la bicicletta!* aveva scritto sull'invito. La mamma di Noah aveva fatto la torta, messo in una cesta bastoncini di carota, würstel e limonata ed erano andati tutti in bici fino al lago.

Sguazzarono in acqua per tutto il pomeriggio, e alla fine avevano una gran fame. Allora la mamma tirò fuori tutte quelle leccornie e i bambini mangiarono entusiasti. Dietro di loro sentirono tuonare una voce: «Ih oh!»

I bambini si voltarono spaventati, ma era solo un asinello. Subito saltarono su eccitati: tutti quanti volevano accarezzarlo.

«Ehi, vuoi anche un po' di torta?» gli chiese Noah porgendogli due briciole.

Quindi arrivò di corsa un bambino: «Oscar, dove sei scappato?» gridò mettendo una corda al collo dell'asinello. «Scappa sempre da casa!» spiegò poi a Noah mostrandogli l'aia sulla collina. «Ha imparato ad aprire lo steccato con il muso, e poi va a giocare con i bambini.» «Mi pare che gli piaccia mangiare, più che giocare!» rise la mamma di Noah, e offrì anche al bambino una fetta di torta. Il nuovo arrivato non ci pensò due volte e si sedette con gli altri. Dopo, Tim – questo era il nome del bambino – diede ai suoi nuovi amici il permesso di cavalcare Oscar. E loro premiarono l'asinello con dei bastoncini di carota. Venne la sera e per Tim e il suo asinello era l'ora di andare via. Noah promise di andare presto a trovarli e se ne tornò a casa con la sua bicicletta. Lui e i suoi amici erano stanchi morti: o si dovrebbe dire che erano stanchi vivi? E così Noah andò subito a letto senza tante storie. Anche tu sei così stanco? Allora chiudi gli occhietti e conta: un asinello, due asinelli, tre as… Sogni d'oro!

La volpe

Il topolino, il fantasma e l'orsetto erano grandi amici e tutte le sere si incontravano in mezzo al bosco per giocare a nascondino, a prendersi e a "Strega comanda colore".

Quando il topolino gridò: «Strega comanda colore… rosso!» la volpe spuntò da dietro un albero e chiese: «Ma che compagnia strana: chi siete?» L'orsetto rise. «Non siamo strani, stiamo solo giocando insieme!» «Appunto» ribatté la volpe. «Non potete mica giocare insieme.» «E perché no?» si stupì il fantasma. «Perché un topolino deve essere amico dei topolini, un fantasma dei fantasmi e un orsetto degli orsetti» spiegò la volpe. I tre si guardarono pensierosi. «In questo caso, dobbiamo cercarci dei nuovi amici» mormorò il topolino. Tristi, si abbracciarono, si dissero addio e se ne andarono, ognuno in una direzione diversa. Ben presto il topolino incontrò un gruppo di topolini tutti affannati e ne salutò uno: «Ciao, posso giocare a nascondino con voi?» Ma i topolini non si fermarono quasi. Soltanto uno di loro alzò brevemente il capo per squittire: «Non abbiamo tempo, dobbiamo andare in cerca di cibo.» Al fantasma andò ancora peggio: in un castello incontrò un paio di altri fantasmi, ma neppure loro vollero giocare con lui. «Dobbiamo spaventare la gente!» strepitarono facendo forte «*Buh buh buuh!*» e svolazzarono via. Ma peggio di tutti andò all'orsetto: lui corse a lungo per il bosco, attraversò prati e strade finché non scorse un altro orsetto. Tutto allegro, corse da lui e gli chiese: «Hai voglia di giocare a nascondino con me?» Ma l'altro orsetto scosse il capo. «Ma come ti viene in mente? Noi orsetti giochiamo con i bambini. Il mio si chiama Luis.» «E non possiamo giocare in tre?» propose l'orsetto.

«No, cercatene uno per conto tuo» disse l'altro. Allora l'orsetto tornò di corsa con tutta la velocità che gli consentivano le sue corte e grasse zampette da peluche. Là trovò ad aspettarlo il topolino e il fantasma, che lo abbracciarono felici. «Non voglio altri amici!» dichiarò l'orsetto. «Neanch'io» squittì il topolino. «E io neppure» disse il fantasma. In quel momento si avvicinò un'altra volta di soppiatto la volpe.

«Ci hai mentito!» l'accusò l'orsetto, e il fantasma gridò: «Amici migliori dell'orsetto e del topolino non ci sono in tutto il mondo.» Imbarazzata, la volpe guardava per terra. Il topolino le chiese: «Ma dove sono le tue amiche volpi? Di sicuro anche una volpe può giocare solo con altre volpi!»

«Ehm...» si schiarì la gola la volpe. «Io non ho amici, né volpi né altri. Per questo ero così invidiosa di voi e ho cercato di separarvi. Però adesso mi dispiace tanto, davvero!»

«Sì, è stato proprio meschino da parte tua» brontolò l'orsetto.

«Infatti» sbuffò il topolino. «Avresti semplicemente potuto chiederci se potevi giocare con noi.»

«Davvero mi fareste giocare con voi?» sussurrò la volpe.

«Ma solo se non cercherai mai più di separarci!» disse il fantasma.

«Ve lo prometto!» giurò la volpe.

«E allora giochiamo!» disse il topolino. «Strega comanda colore... rosso!» La volpe non ebbe bisogno di pensarci su a lungo: «La mia coda è rossa!» rise. E così, col tempo i tre amici diventarono addirittura quattro!

Di sicuro anche tu non permetterai a niente e a nessuno di separarti dai tuoi migliori amici, vero? Domani potrete tornare a giocare insieme. Ma per adesso, chiudi gli occhietti e dormi presto!

Tito e la sua principessa sul ghiaccio

L'asinello Tito e la piccola Lena pattinavano sul lago ghiacciato. Era davvero bello starli a guardare: sembravano proprio due artisti del circo! L'asinello Tito scivolava elegante con i pattini sulla superficie ghiacciata senza intrecciare le gambe, e Lena poi! La bambina fluttuava sul lago come una principessa, poi volteggiava, saltava sul dorso di Tito e atterrava dall'altra parte o addirittura faceva la verticale su di lui mentre Tito continuava a correre in tondo.

Si esercitarono per ore e ore, perché un giorno volevano esibirsi proprio in un circo. La sera erano entrambi stanchi morti. A cena Lena non toccò quasi cibo, si sfilò il suo abito rosa di tulle e – *voilà!* – in un lampo fu sotto le coperte e si addormentò.

E Tito? Lui se ne stava bello comodo nella stalla con gli altri asinelli e raccontava loro le sue avventure. «Lena è come una piccola principessa sul ghiaccio. È così divertente esercitarsi con lei. Lei è davvero la mia chiave per la felicità!» disse mordicchiando un po' di fieno. «Ogni sera non vedo l'ora che arrivi l'indomani.»

Poi si rigirò ancora un po' nella paglia e si addormentò. Sognò Lena e tutti i nuovi numeri che avrebbero provato insieme.

Non è meraviglioso addormentarsi sapendo che il giorno dopo ti aspetta qualcosa di bello? Perciò chiudi gli occhietti e pensa a tutte le cose belle che ti porterà domani!

La vendetta è dolce

«Ma che confusione!» brontolò la fatina suprema del bosco quando venne a sedersi nella radura insieme con le altre fate. La luna splendeva nel cielo e stavano tenendo il consiglio mensile. «In questo bosco è tutto sporco! Dappertutto ci sono cartacce e avanzi di cibo e i fiori sono calpestati» brontolò. «Non c'è da discutere, mie care, questa notte tocca fare le pulizie.» Le fate sospirarono. Avevano previsto un incontro tranquillo e adesso invece dovevano portare via la spazzatura lasciata da un bambino maleducato con i suoi amici. Borbottarono, ma la fatina suprema le interruppe: «Niente discussioni! Il bosco deve essere pulito, altrimenti gli animali si ammaleranno». Certo, anche le fate lo capivano, però la fatina Paula era furiosa lo stesso. "Adesso gliela faccio vedere io" pensò.

Quando il pomeriggio seguente Leon e i suoi amici vennero alla radura per giocare a palla, Paula si era già nascosta in un cespuglio e li aspettava. Per prima cosa gettò un incantesimo sulla palla di Leon, in modo che li colpisse sulla testa anziché sui piedi. Poi rovesciò le bottiglie di limonata che stavano tutto attorno, così ai ragazzi rimase una gran sete, e per finire lasciò che le formiche si avventassero sui loro panini imbottiti.

«Via di qui!» gridava Leon. Ma quando i ragazzi fecero per riprendersi gli zaini, le cinghie erano tutte intrecciate fra loro e impiegarono un bel po' a sciogliere i nodi.

Poi, però, Paula si alzò dal cespuglio urlando: «Ecco che cosa succede quando non si butta via la spazzatura!» I bambini si spaventarono un sacco: da dove veniva quella voce? Non aveva importanza, bisognava scappare! In fretta ficcarono le bottigliette e la carta dei panini negli zaini e corsero via dal bosco. «La vendetta è dolce!» ridacchiò allegra la fatina Paula, che poi scivolò nel suo lettuccio di piume di merlo e si godette il suo meritato riposo. Una cosa la sapeva: mai più i bambini avrebbero lasciato nel bosco qualcosa che non doveva restare lì.

E adesso, anche tu dormi come una fatina.

Allarme gatto

Giorno di trasloco! Già al mattino era arrivato un camion che aveva caricato i mobili della famiglia Schubert, e con loro anche la gabbia della famiglia di topolini di Kai. Quando vennero fatti smontare dalla macchina, si guardarono intorno curiosi. La loro nuova casa sorgeva su un laghetto. «Mi sembra tranquillo qui» disse papà topolino.

«Che bella casa!» si rallegrarono i topolini gemelli Mimi e Momo. Mamma topolina, invece, strillò spaventata: «Un gatto, proprio in mezzo al salotto!» Purtroppo, però il signore e la signora Schubert lo trovarono dolcissimo, lo accarezzarono e gli prepararono una ciotolina piena di latte. «Oh, no!» gemette papà topolino. «A questa gente piacciono i gatti. Dobbiamo farci venire in mente qualcosa!» «E se lo spaventassimo finché non se ne va via da solo?» propose Momo. «Sì, potremmo travestirci da fantasmi!» suggerì Mimi. «Pfui, un fantasma così piccolo non farà di sicuro nessuna paura al gatto» ribatté papà topolino. Ma la mamma trovò una soluzione. «Aspettate che sia buio» disse e poi confabulò qualcosa in segreto con loro. Kai dopo aver portato da mangiare si era dimenticato di chiudere lo sportellino della gabbia e lo aveva solo accostato… Di notte i topolini presero un lenzuolo bianco e lo gettarono sulla bicicletta che Kai aveva lasciato davanti alla porta. Poi ci si nascosero sotto tutti tranne Momo, che faceva il palo. D'un tratto sussurrò: «Arriva!» Subito papà e mamma topolini incominciarono a ruotare i pedali e le lucine si misero a lampeggiare. Mimi, sul manubrio, premette il clacson: «*Bip, bip!*» «*Buh buh!*» urlò Momo con un vocione profondo. Il gatto alzò spaventato la coda e incominciò a miagolare miserevolmente. Quindi fece dietrofront e se la diede a gambe. «Ce l'abbiamo fatta!» gioirono i topolini. «Adesso possiamo dormire tranquilli!»

E anche tu. Buonanotte, topolino mio!

Quando due amici bisticciano...

Da quando riuscivano a ricordare, l'orsetto e l'asinello di peluche vivevano nella stanza di Amelie. E da altrettanto tempo non facevano che bisticciare. Amelie li aveva ricevuti entrambi come regalo di Natale, ma l'orsetto non faceva che vantarsi che la bambina aveva scartato prima il suo pacco e che lo aveva abbracciato per primo, e questo mandava su tutte le furie l'asinello, che ribatteva: «Ma quando Amelie viene a giocare, io con le mie lunghe orecchie la sento molto prima di te!»

Soprattutto, però, bisticciavano per il castello giocattolo. Lì c'erano una grossa vasca da bagno, un vero fornello in cucina e un grosso letto in camera. Ma la cosa più bella era il trono nella grande sala. Naturalmente entrambi volevano sedercisi sopra, ma c'era posto per uno soltanto. Se Amelia posava sul trono l'orsetto, quello gridava all'asinello: «Adesso devi fare quello che dico io!» E se invece ci metteva l'asinello, quello esclamava: «Urrà, oggi sono io il re!»

Adesso quando Amelie entrò nella stanza erano in ansia tutti e due: chi sarebbe stato il sovrano del castello? Ehi, ma chi aveva in braccio Amelie?

Invece dell'asinello o dell'orsetto, Amelie mise a sedere sul trono la sua bambola Stina. Poi ficcò i due animaletti di peluche nella carrozzina giocattolo.

Sulle prime l'orsetto e l'asinello erano arrabbiati, ma presto l'orsetto disse: «Ehi, ma qui si sta proprio comodi!»

«Sì» confermò l'asinello «molto meglio che al castello!»

Si accoccolarono uno vicino all'altro e poi si addormentarono. Da allora i due non bisticciarono mai più e Stina poté continuare a stare nel castello.

Senza bisticciare si dorme molto meglio. Ecco perché adesso ti meriti un grosso bacione della buonanotte!

Manor, il fantasma spaventoso

«Qui mi piace» borbottò il fantasma Manor guardando soddisfatto l'acqua scintillante.

Il lago obiettò: «Ma io non voglio che tu venga a stare vicino a me» disse. «Tutti hanno paura di te.»

«Nessuno può proibirmi alcunché!» tuonò forte Manor fluttuando lungo la riva. Quando i bagnanti lo videro, scapparono gridando e per lo spavento si dimenticarono i loro cestini da picnic.

«Qui è proprio bello!» sospirò il fantasma. «Meno male che non devo più vivere nel castello in rovina.» E si spazzolò il contenuto di un cestino intero. Poi borbottò ancora una volta con il suo vocione profondo e si addormentò.

"Dobbiamo fare subito qualcosa" pensò Jan quando vide entrare di corsa gli ospiti all'albergo. Ma come si scaccia un fantasma? Corse al lago. «Lago, devi aiutarmi!» lo pregò. «Ho un'idea, ma da solo non ce la faccio.» Le onde sguazzarono in segno di assenso. Jan si avvicinò guardingo al fantasma, che dormiva e russava della grossa. «Ciao, fantasma buono!» disse forte. Il fantasma si svegliò e guardò Jan incredulo. Un bambino così piccolo osava chiamarlo "fantasma buono"? Era un'offesa!

«Io sono un fantasma spaventoso!» tuonò Manor, e per la paura il lago si increspò in tante piccole onde. «Oh!» esclamò Jan «devo averti scambiato per qualcun altro. Laggiù ci abita il fantasma buono del lago» e indicò la rimessa vicino all'albergo.

«Un fantasma buono? Fammelo vedere!» ordinò Manor. Insieme andarono fin là e Jan aprì la malandata rimessa con la grossa chiave. Dentro era buio e c'era puzza di muffa. L'acqua sciabordava contro il pontile e le barche a remi ondeggiavano piano avanti e indietro. «Dov'è il fantasma buono?» chiese Manor con quello che sembrò un ringhio. Jan bussò contro il legno del pontile. «Fantasma buono, fatti vedere!» Subito si udì un gorgoglio come di un tubo di scarico. L'acqua indietreggiò e il pontile tremò tanto che Jan dovette tenersi. «Ma sei sicuro che sia un fantasma buono?» Adesso la voce di Manor tremava perfino un po'. Jan riuscì a soffocare una risata e annuì con foga. Alla fine nella rimessa non rimase più acqua, solo un pesciolino

che si agitava impotente sul fondo fangoso. Improvvisamente rimbombò un tuono che fece trasalire perfino Manor. Le pareti tremarono e un enorme zampillo riempì la rimessa, una colonna d'acqua che prese la forma di un enorme viso. «Chi vuole parlare con me?» rimbombò una voce. Jan indicò Manor, che se ne stava rintanato in un cantuccio. Manor sapeva che i fantasmi buoni sono più potenti dei fantasmi spaventosi. «Non farmi del male!» sussurrò, e poi aggiunse: «Per piacere!» Era la prima volta in vita sua che chiedeva qualcosa per piacere. «Allora sparisci di qui!» tuonò ancora la voce. «Sul lago c'è posto per un fantasma soltanto, e quello sono io!»

«Ho capito!» mormorò Manor, e subito uscì dalla rimessa e tornò in volo al suo castello in rovina. Immediatamente la colonna d'acqua si ripiegò su se stessa e l'acqua del lago tornò a sciabordare nella rimessa. «Uff, che faticaccia!» gemette. Sul pontile schizzarono le ultime gocce. «È stata un'interpretazione superba!» si complimentò Jan. «Ci siamo liberati di quel brutto fantasma.» Poi si tuffò nel lago e schizzò contento l'acqua tutto attorno. Meno male che Manor non infesta più i paraggi del lago: adesso potrai sicuramente dormire bene!

Il castello sulla luna

In una tiepida notte di luna piena, il topolino e l'asinello se ne stavano distesi sull'erba e guardavano la luna. «Sembra che lassù ci sia un castello» disse l'asinello con voce sognante. «È vero!» disse il topolino. «Che ne dici se volassimo lassù e andassimo a dare un'occhiata?» Si alzò, prese dalla rimessa gli attrezzi e incominciò a lavorare di pialla e di martello per costruire un'astronave. «Una buona idea» sbadigliò l'asinello guardando il topolino. Già l'indomani l'astronave era pronta e poterono partire. Volarono nello spazio talmente veloci che non riuscirono quasi a contare le tante stelle davanti alle quali passavano. Qualche ora dopo atterrarono sulla luna. «Eccoci arrivati» disse il topolino. L'asinello aprì il portellone e si guardò attorno. «Ma qui è tutto spoglio!» osservò. «E il castello dov'è?» «Forse dietro quella collina laggiù?» suggerì il topolino. Ma anche lì trovarono solo crateri e fredde pietre lunari, di castelli non c'era traccia, non dietro quella collina e neppure dietro la successiva. Deluso, l'asinello tornò trotterellando all'astronave. Il topolino lo seguì sospirando, si mise ai comandi e ordinò: «Di ritorno sulla terra!» Quando furono atterrati, alzarono entrambi gli occhi alla luna. «Credo che il nostro fosse solo un castello in aria» disse il topolino all'asinello. Lui ridacchiò sotto i baffi e annuì. Poi i due amici andarono a dormire e sognarono un castello sulla luna che esiste solo nei nostri sogni: e anche tu lo sognerai, se chiuderai subito gli occhietti.

La piccola fatina

C'era una volta una piccola fatina che aveva seicento anni, che per una fatina non sono proprio niente. Insieme con altre fatine andò nel bosco a vedere la scuola per fate per imparare a fare gli incantesimi. Per prima cosa ricevette una cassetta degli attrezzi chiusa con una chiave d'argento. Quando l'aprì, dentro trovò le due cose più importanti che servono a una fata per i suoi incantesimi, la bacchetta e il cappello. Ma fare gli incantesimi non è mica così facile.

Prima la fatina imparò a far apparire e poi sparire una macchia d'inchiostro sulla parete, quindi a far volare un ragno in aria e infine a usare la scrittura invisibile. Non era per niente facile. La fatina studiò diligentemente, perciò, quando ebbe settecento anni, poté fare il suo esame di magia.

Doveva soddisfare il più grande desiderio del cuore di una bambina. La piccola desiderava un cagnolino, ma il suo papà era assolutamente contrario. Ancora quella stessa sera aveva detto: «Tutto ma non un cane!»

Quella notte con un incantesimo la fatina si introdusse nel suo sogno e gli mostrò quanto possa essere divertente un cagnolino. Poi alzò la sua bacchetta magica e gli sussurrò con insistenza: «Regala un cagnolino alla tua bambina.» Glielo ripeté tre volte. E con un *sim-sala-bim*, svanì dal sogno.

Il giorno dopo il papà disse che un cagnolino sarebbe stato proprio il compagno di giochi ideale per la figlia. Andò con lei al canile e cercarono insieme un piccolo e dolce terrier. La bambina era felicissima. Ma ancora più felice era la piccola fatina, che aveva superato il suo primo esame di magia con un bel dieci e lode!

E in quale sogno ti apparirà stanotte la piccola fatina?

L'uovo incantato

Bastian aveva fatto una gita in bici fino al castello con i suoi genitori, ma adesso il giro turistico non finiva mai. "Se almeno avessi dei fratellini, potrei giocare con loro" pensò sbadigliando forte. Suo padre lo sgridò. «Comportati bene, Bastian, oppure aspettaci fuori.» Quando il gruppo entrò nella stanza successiva, il bambino se la svignò e andò in esplorazione da solo. La cantina era di sicuro molto più interessante! E se ci fossero stati dei fantasmi? La cripta era sinistra. Alla fioca luce della sua torcia scoprì qualcosa di strano: in una nicchia c'era un uovo che brillava misteriosamente ed era molto più pesante di un uovo normale. Che cosa mai poteva esserci nascosto dentro? Forse lo si poteva covare? La curiosità di Bastian si era risvegliata e si infilò cautamente lo strano uovo nella tasca della giacca. I suoi genitori lo aspettavano impazienti nel cortile del castello. «Presto sarà buio, è ora di tornare indietro.» Bastian manovrò con cautela la sua bicicletta giù per la collina. A casa avvolse l'uovo in un mucchio di asciugamani, lo posò su una borsa dell'acqua calda e lo coprì per bene. Poi se ne andò a dormire. «Buongiorno, dormiglione!» Bastian sbatté gli occhi verso la borsa dell'acqua calda. L'uovo si era aperto e fra gli asciugamani e i gusci d'uovo era seduta una piccola fatina. «Finalmente qualcuno mi ha trovata e mi ha fatta uscire» sospirò sollevata. «Aspettavo questo momento da centinaia d'anni.»

Bastian era felice: anche se la fatina era ancora piccola, ora avrebbe sempre avuto qualcuno con cui giocare.

Di sicuro anche tu non vedi l'ora di tornare a giocare con i tuoi amichetti domattina. Perciò adesso fa' la nanna!

Il fantasma d'acqua

Il topolino Mick aveva sei settimane e abitava con i genitori e i suoi tredici fratellini in una tana sul lago. Quel giorno sarebbe andato per la prima volta da solo in esplorazione nei dintorni. Quante cose c'erano da vedere! Annusò di qua e sgranocchiò di là, corse per i prati e per i campi e spruzzò l'acqua del lago. Vide chiocciole, granchi e pesciolini che nuotavano vicino alla riva. A un tratto dal fondo del lago spuntò uno strano qualcosa che nuotando gli veniva vicino, poi tirò fuori dall'acqua la testa tonda e boccheggiò in cerca d'aria. Mick lo guardava con occhi sgranati. «Credevo che i pesci vivessero solo sott'acqua, e invece tu respiri proprio come me!»

Allora quell'essere acquatico scoppiò a ridere. «Ma io non sono un pesce, sono un fantasma d'acqua e abito sul fondo del lago, però posso vivere anche sulla terraferma!» Mick era entusiasta: un vero fantasma! E parlava con lui!

«Potremmo andare a fare un giretto insieme» propose il fantasma.

«Ma io non so nuotare!» disse triste Mick.

«Aspettami qui» gli disse il fantasma, e subito si immerse. Dopo qualche istante, era di nuovo lì e sventolava una chiave sotto il naso di Mick. «L'ha persa un pescatore tanto tempo fa. Con questa possiamo avviare la vecchia barca attraccata al pontile e andare a fare un giro sul lago.» E così fecero.

Fu bellissimo, tanto che decisero che da quel giorno in poi sarebbero stati amici. La sera il fantasma riaccompagnò Mick a casa e promise di tornare a trovarlo presto. Stanco, Mick si accoccolò vicino ai suoi tredici fratellini. Il suo primo giorno da solo: che avventura!

E domani, che cosa faranno quei due? Sognalo e al mattino me lo racconterai!

L'asinello Rasmus e la bicicletta

Oh, l'asinello Rasmus se la passava davvero bene. Viveva in un castello e ogni giorno lui e la principessa Violetta andavano a fare un giro insieme. Da una settimana, però, le cose erano cambiate. Violetta aveva ricevuto in regalo una bicicletta nuova e da allora la bambina non lo guardava più. Adesso la principessa schizzava con la bici sulle stesse strade su cui fino a poco prima avevano trotterellato insieme. Rasmus sentiva la mancanza della sua amica. Bighellonava di malumore sull'aia quando vide la bicicletta appoggiata al muro. «Ma che cosa ti è venuto in mente di portarmi via la mia amica?» gridò. Ma la bici rimase zitta. Rasmus si avvicinò un altro po'. «Ehi, tu, dico a te!» Ma ancora nessuna risposta. Rasmus avrebbe voluto rifilarle un bel calcio, però aveva paura di rovinarla, e allora sì che Violetta si sarebbe arrabbiata con lui. Infelice, tornò a nascondersi nella sua stalla. Quel pomeriggio la porta della stalla si aprì con un cigolio ed entrò Violetta. Si sedette su una balla di fieno vicino a Rasmus con le mani sul viso. Oh, no! Violetta piangeva! Gli appoggiò la testa contro il collo e singhiozzò: «Ho bisticciato con mio fratello!» Rasmus la accarezzò piano un paio di volte con il muso e subito la piccola sorrise un pochettino. «Nessuno sa consolarmi come fai tu!» disse Violetta, e diede a Rasmus una grattatina dietro le orecchie. Da allora Violetta tornò a trotterellare nei campi con Rasmus e la bicicletta rimase spesso appoggiata al muro del castello. Ma tanto quello era solo un pezzo di metallo. Agli asini di ferro non importa mica di restare da soli. Di sicuro anche il tuo migliore amico sarà contento se domattina presto, quando vi sarete ben riposati, tornerai a giocare con lui. Sogni d'oro!

Max si è perduto!

Quando i bambini giocano, fate ed elfi vegliano su di loro perché stiano al sicuro. In una bella giornata d'estate, i bambini giocavano a nascondino nel bosco. Trovavano sempre nuovi nascondigli: tra i folti cespugli, in piccole grotte e su per gli alberi. I posti migliori però li scovava sempre Max.

Adesso ne stava appunto cercando uno particolarmente buono in modo che l'amichetto che era sotto non riuscisse a trovarlo troppo in fretta. Corse dall'abete... ma forse era meglio laggiù fra i cespugli? O magari dal roveto? Max correva di qua e di là, andava sempre più lontano e non sentì il compagno smettere la conta. «Uno, due, tre, chi non scappa c'è!»

Improvvisamente Max si trovò in una grossa radura. Sorpreso, si fermò. Ma dov'era? E da che parte era arrivato? Si guardò attorno: non lo sapeva! Il cuore incominciò a battergli forte. Nel regno delle fate, intanto, la regina era seduta sul suo trono e teneva d'occhio Max con il suo specchio fatato. Avvertì la sua paura: ma come aveva fatto quel bambino a perdersi? Non c'era nessuna fatina con lui? Davanti al suo trono si presentò una piccola fata. Era Firlefanz, la più giovane di tutte. Avrebbe dovuto badare lei a Max, ma, mortificata, confessò di essere invece andata a bere nettare con le formiche.

La regina delle fate la sgridò ben bene: «Ma non vedi che paura ha quel bambino?» E le ordinò di correre subito ad aiutarlo.

La fatina volò in un lampo alla radura dove Max cercava piangendo la via del ritorno. Sparse polvere d'argento e subito Max scorse la traccia scintillante e la seguì curioso finché non fu dai suoi amici.

Quella sera, quando Max fu a letto e raccontò tutto al suo orsetto, la fatina Firlefanz tornò da lui.

«Ninna nanna, ninna oh...» gli canterellò piano. Da quel giorno, non lo avrebbe mai più perso d'occhio. Anche tu non sei solo, perciò puoi dormire tranquillo.

Il buon Jonathan

Nel paese in cui i desideri diventano realtà, in un castello viveva la fatina Tabea. Spesso saliva sui merli e guardava tutto intorno in cerca di persone cui fare del bene. Tra i suoi servitori c'era anche un vecchio topolino di nome Jonathan, che fra gli altri compiti aveva quello di stare su una torre armato di cannocchiale per vedere se nei dintorni ci fosse un bambino con un desiderio urgente. Se ne avesse trovato uno, avrebbe dovuto avvertire subito la fatina. Allora Tabea sarebbe volata da lui e non avrebbe fatto ritorno finché non avesse realizzato quel desiderio.

Una sera Jonathan vide un bambino piccolo che se ne stava seduto tutto triste nel giardino di un orfanotrofio. Il piccolino desiderava con tutte le sue forze una bicicletta, ma quel giorno era il suo compleanno e nessuno ci aveva pensato! La giornata era quasi finita, il suo desiderio non era stato esaudito, e lui piangeva. Jonathan buttò da una parte il cannocchiale e sospirò. Accipicchia, Tabea era fuori e non sarebbe tornata prima dell'indomani mattina.

Decise quindi di aiutare lui stesso il bambino. Andò in cantina e prese la bicicletta più bella che riuscì a trovare, poi si mise in strada. Le sue vecchie zampette tremavano per la fatica, ma non si arrese, e così proprio prima di mezzanotte arrivò all'orfanotrofio.

Pian pianino appoggiò la bici allo steccato. L'orfanello era ancora seduto triste nel giardino buio… finché non scorse la bicicletta! Allora saltò subito su e si mise a correre e rimase senza fiato. Jonathan rise piano. Poi, stanco ma felice, se ne tornò a casa. Non avrebbe potuto immaginare cuscino più bello della felicità regalata a qualcuno.

Di sicuro lo sai anche tu. E adesso fa' la nanna!

Eduard, maestro dei brividi

Eduard aveva più di mille anni e infestava un castello sul lago, ma nessuno aveva paura di lui perché i visitatori gli erano molto affezionati. La cosa suscitò malcontento nel consiglio dei fantasmi. «Se non sei capace di far paura a nessuno, per castigo dovrai andare sul lago» gli disse severo il presidente. «Da domani lavorerai lì come fantasma.»

«Ma io non so nuotare!» ribatté Eduard. L'idea che da allora in poi avrebbe dovuto fare paura ai pesci e tuffarsi tutti i giorni in quell'acqua fredda gli dava i brividi. «Vi prego, datemi ancora una possibilità e vi dimostrerò che la gente ha paura di me!» implorò.

A malincuore, il consiglio acconsentì. Eduard implorò la bambina che faceva da guida al castello per i visitatori: «Devi aiutarmi!» E la piccola ebbe una bella idea.

Quando il pomeriggio seguente il consiglio dei fantasmi venne a controllare, sentì fin da lontano le grida spaventate dei visitatori.

«Aiuto, che paura!» Poi videro Eduard travestito da mostro che si trascinava una catena con una chiave e fluttuava spaventoso sopra di loro. Una cosa così paurosa non l'aveva mai vista neppure il presidente, che tremava di paura.

«Per i prossimi mille anni non avremo più bisogno di controllare questo castello. Eduard è maestro dei brividi» decise, e scappò in tutta fretta con tutto il consiglio dei fantasmi.

«Grazie per il tuo costume da carnevale» rise Eduard sollevato abbracciando la bambina.

E tu, hai già indossato il tuo pigiamino? Di certo non fa paura, ma sarà morbido morbido. Allora salta subito sotto le coperte e fa' la nanna!

Hannibal ha un'idea

Quando Gustav arrivò in albergo con i suoi genitori, rimase deluso. «Ma qui non ci sono bambini!» brontolò. «Saranno delle vacanze noiose.» Per fortuna suo padre aveva portato la bicicletta, così Gustav poteva girare in lungo e in largo per le strade intorno all'albergo mentre i suoi genitori bevevano il caffè.

Dietro l'albergo c'era un pascolo in cui l'asinello Hannibal brucava l'erba. L'asinello si rallegrò vedendo passare il bambino in bici. «Hai voglia di fare una passeggiata in groppa a me?» gli chiese. «Cavalcare è una cosa da bambini piccoli, preferisco andare in bici» rispose Gustav sprezzante e sfrecciò via. Ma alla curva successiva non vide un sasso e cadde. Non soltanto si sbucciò il ginocchio, ma la bici era completamente rovinata. «Non posso più andare in bici, e adesso che cosa faccio!» piangeva disperato. Hannibal approfittò dell'occasione: prese la rincorsa, con un salto superò la staccionata e raggiunse in fretta il bambino per aiutarlo a rialzarsi.

«Conosco un posto in cui si può giocare benissimo» gli disse con fare misterioso. «Salta su, te lo faccio vedere.»

«Oh, sono proprio curioso!» disse Gustav montando in groppa a Hannibal.

«Tienti forte» gli disse l'asinello, che già era partito in quarta. Il bambino era stupito di quanto galoppasse veloce. Con la bicicletta non sarebbe mai riuscito a salire su per quella strada così accidentata. E poi Gustav vide che cosa intendeva l'asinello: davanti a loro sorgeva un castello in rovina. Il bambino ne fu entusiasta. «Oh, sì! Qui sì che è forte. Vieni, giochiamo ai cavalieri, facciamo che tu eri il mio destriero!» Forse adesso anche tu sognerai il castello in cui giocano quei due e in sogno giocherai con loro? Sogni d'oro!

L'esame da fata

La fatina Tiffany era emozionatissima: quel giorno doveva fare il suo esame da fata. Solo se lo avesse superato avrebbe potuto volare dai bambini e soddisfare i loro desideri. Arrivò puntuale al luogo dell'appuntamento nel bosco dove il maestro l'aspettava già.

«Per prima cosa dovrai volare fino alla punta dell'abete più alto e tornare indietro, e io segnerò il tempo» le disse. Tiffany sbatté le tenere alucce e volò più in fretta che poté. Aveva appena toccato la cima dell'abete che già tornava giù.

«Ottimo» la elogiò il maestro. «Adesso trasforma questo sasso in un giocattolo.» Quello era più difficile. Come si faceva più? Con dita tremanti, Tiffany ruotò la bacchetta verso destra e toccò tre volte il sasso. «*Squit squit*» sentì. «Oh, no!» gemette. «Ho sbagliato qualcosa!» Il maestro ridacchiò sotto i baffi. «Il topolino è molto grazioso, ma non è un giocattolo. Prendi un altro sasso e riprova.» Tiffany pensò e ripensò. Si era preparata tanto, ma adesso non le veniva più in mente niente. Il maestro le mise una mano sulla spalla. «Avanti, Tiffany, coraggio!» la incitò. «Vedrai che ce la fai!» Allora Tiffany ruotò tre volte la bacchetta verso sinistra, toccò un'altra volta la pietra e… *ta-dà!* la trasformò in un orsetto. «Bravissima, Tiffany! Ce l'hai fatta» si congratulò il maestro. «Ora potrai volare per il mondo e portare ai bambini giocattoli e sogni bellissimi!» Chi lo sa, forse questa notte Tiffany porterà i suoi sogni proprio a te? Presto, chiudi gli occhietti e dormi!

Leonhard, il domatore di leoni

Il vecchio castello era rinomato per il suo zoo. Ogni giorno venivano molti visitatori per ammirare gli animali, ma l'asinello Leonhard si annoiava lo stesso. Tutti gli altri animali nei recinti se ne stavano coricati a dormire e nessuno giocava con lui. Finalmente arrivò il guardiano Günther. «E allora, Leonhard, hai fame?» gli chiese aprendo il cancello. In quell'istante, dall'ingresso si sentì un urlo: «Aiuto, è scappato il leone!» Il guardiano corse via; per la fretta lasciò la chiave nella toppa e il recinto rimase aperto.

"Finalmente succede qualcosa!" pensò allegro l'asinello, e andò pian piano al recinto dei leoni. I visitatori dello zoo scappavano gridando verso l'uscita. Il possente leone però ruggiva davanti al carretto dei gelati. Lì vicino c'era una bambina che non osava muoversi.

«Ti prego, non farmi del male» lo implorò.

«Ma io voglio solo un gelato!» ringhiò lui, però la piccola non parlava la sua lingua. Leonhard invece lo capì. Con i denti, afferrò la leva della macchina del gelato, il leone spalancò le fauci e il gelato gli finì dritto in gola. Il leone inghiottì e alla fine si leccò le labbra.

«*Gnam gnam*, buono. Grazie, asinello!»

«Non c'è di che. E adesso vieni che ti riaccompagno nel tuo recinto.» Ubbidiente, il leone seguì l'asinello e si lasciò rinchiudere. «Sei l'asinello più coraggioso che abbia mai visto!» gli disse ammirato Günther. «Da oggi ti chiamerò "Leonhard, il domatore di leoni". E perché tu non ti annoi più, ti porterò dalle capre nel recinto degli animali domestici: là vengono sempre tanti bambini.»

E se adesso ti addormenterai, sognerai sicuramente il coraggioso asinello Leonhard. Prova!

Il grande e il piccolo Ben

Ben salì in sella alla sua bici e come ogni giorno andò allo zoo. L'anno prima si era trasferito con i suoi genitori in una casa lì vicino, e da allora quel bambino con i capelli neri lo conoscevano tutti. A Ben piacevano i pinguini, le tigri e le foche, ma il suo posto preferito era il recinto degli asinelli nel bosco. Era capace di restare a guardare gli animali anche per ore. Gli asinelli non erano per niente noiosi, pensava Ben, ed era contento quando la guardiana Hannah gli permetteva di aiutarla a pulire e a dargli da mangiare.

Un giorno Hannah aveva in serbo una grossa sorpresa per lui: quella notte Bola, l'asinella, aveva avuto un piccolo. Dopo il parto, però, la mamma era molto debole e non poteva occuparsi del cucciolo, perciò bisognava dargli da mangiare con il biberon. Hannah fece l'occhiolino a Ben e gli mise il biberon in mano. «Il piccolo asinello ha bisogno di un sostituto della sua mamma» gli disse. «Bola ti conosce bene, di sicuro non avrà niente in contrario se l'aiuterai tu.»

Con una qualche cautela, il bambino si avvicinò ai due animali e offrì il biberon al bebè. Subito quello si avventò avido e si mise a succhiare. In breve era sazio e stanco e qualche minuto dopo dormiva sodo accoccolato nella paglia.

«*Ih oh!*» ragliò Bola dando un'affettuosa spintarella a Ben. Ben era sicuro che volesse dire "Grazie!"

«Vogliamo chiamarlo Ben?» propose Hannah con un sorriso. Ben annuì felice. E quella notte sognò il suo piccolo omonimo grigio.

E adesso, accoccolati anche tu nel tuo lettino e dormi bene, se vuoi diventare grande e forte.

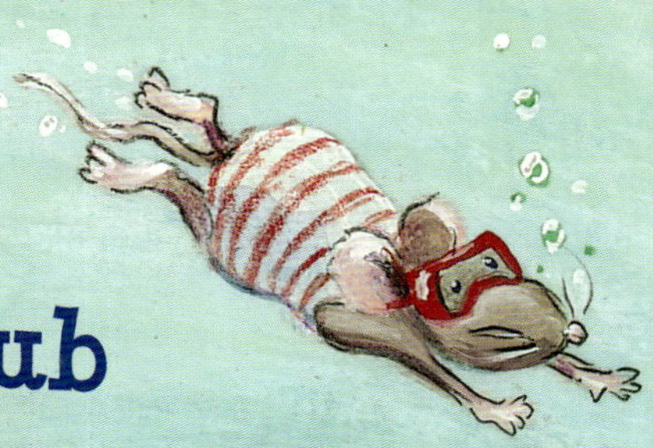

Il topolino sub

Una fatina aveva costituito il suo regno d'acqua nel mezzo di un lago in un paese lontano, ai piedi di un'alta montagna. Era un regno davvero strano, di coralli e stelle marine, di alghe, conchiglie, mitili e sabbia. Per tutto il giorno i servitori della fatina, i pesci, nuotavano nel regno cercando di intuire ogni desiderio dagli occhi della loro fatina regina. Ma appunto perché erano pesci, erano muti e facevano solo qualche bolla sott'acqua ogni tanto, perciò la fata regina non aveva nessuno con cui chiacchierare e si annoiava, qualche volta terribilmente. Ora, verrebbe da pensare che per una fata sia semplicissimo fare un incantesimo per avere compagnia, ma di regola le fate possono fare incantesimi solo per gli altri. "E adesso che cosa posso fare perché venga qualcuno a farmi compagnia?" pensò la fatina. Perché lei non voleva uno qualsiasi, doveva essere qualcuno gentile, coraggioso, intelligente e abile. Poi lo sguardo le cadde su una splendida chiave d'oro sospesa dietro la barriera corallina. "So che cosa posso fare!" pensò la fatina, e ordinò a una cernia e a un halibut di andarla a prendere. Con una scia di bolle, i due obbedirono. «No, non portatela da me, posatela bene in vista sul fondo del mare perché possano vederla tutti» ordinò la fatina ai suoi servitori. Adesso la chiave d'oro giaceva sul fondo del mare, dove brillava e luccicava. La fata regina però se ne stava seduta sul suo trono di chiocciole e mitili e sbirciava in su, verso la superficie. Qualcuno avrebbe visto la chiave e si sarebbe tuffato fin sul fondo del lago? Solo un paio di bagnanti nuotavano piano nella superficie piatta. Poi però una lieve brezza increspò le onde del lago: non c'era forse un topolino che si avvicinava sbattendo le zampette? Ma sì! Il topo aveva visto luccicare la chiave e così aveva scoperto il regno della fatina. Era un topolino coraggioso, intelligente e abile che voleva tentare la sorte.

Sbruffando e ammiccando, si tuffò sott'acqua, ma prima di raggiungere la chiave e di scoprire la fata regina, dovette fare dietrofront! La fatina vide svanire nuovamente la sua speranza di avere compagnia... finché non le venne in mente che sott'acqua i topolini non possono respirare. "Non c'è problema" pensò. "Farò un incantesimo al topolino perché per la durata della sua permanenza metta un paio di branchie da pesce e non soffochi." E – *pling!* – ecco fatto. Adesso il topolino poteva raggiungere la chiave d'oro e portarla alla fatina. Lei ridacchiò un po' sotto i baffi quando vide le branchie dietro le orecchie del topolino. E dato che anche il topolino ci rise su vedendole in uno specchio di mitili, con un altro incantesimo la fatina gli procurò due splendide pinne dorate sul dorso perché potesse nuotare meglio. «Che bello che sei venuto da me» gli disse la fatina. «Raccontami qualcosa della terra dei topolini.» E il topolino si sedette vicino al trono, si fece portare un paio di cetrioli di mare da sgranocchiare e incominciò a raccontare e a raccontare e a raccontare... E chi lo sa, forse sono ancora seduti tutti e due là, con il topolino che racconta e la fatina che ascolta. E se vuoi sapere che cos'hanno da dirsi, allora coricati sul tuo cuscino, chiudi gli occhietti e tendi le orecchie nella notte: forse riuscirai a sentire le loro vocine.

Il ladro notturno di biciclette

Durante le vacanze Clara e le sue amiche andavano spesso in bicicletta al parco giochi. La sera Clara riponeva con cura la bici nel garage. Ma una mattina, al suo risveglio, la bicicletta era sparita. Clara la cercò tutto attorno alla casa e nel giardino e alla fine la trovò nel bosco vicino, appoggiata con noncuranza a un albero.

"Come avrà fatto la mia bicicletta a finire qui?" pensò la bambina stupita, e la riportò a casa. Ma il giorno dopo la bicicletta era di nuovo nel bosco. Clara si seccò e decise di cogliere il colpevole sul fatto. La sera si appostò di nascosto. Per molto tempo non accadde niente, e lei stava quasi per addormentarsi quando vide un fantasma fluttuare verso la bici. Clara si sfregò gli occhi stupefatta, ma aveva proprio visto giusto. Quando il fantasma fece per issarsi sulla bici, gli si parò coraggiosamente davanti. «Questa bicicletta è mia!» gridò decisa. Il fantasma si spaventò e la guardò imbarazzato. «Lo so, ma a me mi piace così tanto andare in bici, ed è passato così tanto tempo da quando ne ho avuta una tutta mia!» Clara scoppiò a ridere: di fantasmi che andassero in bici non aveva mai sentito parlare. «D'accordo» gli disse. «Puoi usare la mia bicicletta di notte, tanto a me non serve. Ma solo se poi la rimetti a posto.» «Parola d'onore di fantasma!» esclamò tutto contento il fantasma, che subito si mise a pedalare e scappò via. La mattina dopo la bicicletta era in garage, come d'accordo. Così la sera Clara poteva andare a letto e dormire tranquilla. E adesso puoi dormire anche tu.

Orson non si chiama Orsetto

La sai una cosa? Qualche volta alle persone danno un nomignolo che loro non possono proprio sopportare. Era successo anche a Orson: i suoi genitori lo avevano chiamato così, e anche se era un nome un po' insolito, lui ci era abituato e gli piaceva. All'asilo però un paio di bambine ebbero l'idea di chiamarlo invece Orsetto, ma a Orson non piaceva proprio per niente, così urlava sempre: «Io mi chiamo Orson! Non sono Orsetto!»

Ma a Tippi e Asia non interessava, anzi, più lui protestava, più loro gridavano a gran voce: «Orsetto, Orsetto, vieni qui a giocare con noi!»

Quel giorno tutto l'asilo era in gita al lago. I bambini nuotavano e sguazzavano allegri nell'acqua. Dalla riva si sentivano le grida: «Orsetto, Orsetto, il picnic è pronto!» Orson uscì dall'acqua tutto arrabbiato.

«Se continuate a chiamarmi Orsetto, troverò anch'io un brutto nomignolo per voi!»

Tippi si mise a ridere. «Va bene! E come vorresti chiamarmi?»

Orson ci pensò su e poi sorrise. «Che ne diresti di Topolina? È sciocco proprio come Orsetto!»

Tippi deglutì a fatica, ma Asia continuava a ridacchiare.

«E te invece ti chiamerò Asinella, che ne dici?»

Tippi e Asia non lo trovavano per niente divertente, e mogie mogie gli promisero che in futuro lo avrebbero chiamato sempre e solo Orson. Perciò quella sera Orson poté andare a dormire tranquillo e senza rabbia nella pancia.

Di sicuro puoi farlo anche tu, perché sono certo che tu hai un nomignolo tanto carino!

L'insonnia da luna piena

Una sera Mario era nel suo letto, ma non riusciva a dormire. La luna piena splendeva così luminosa dalla finestra che lo accecava anche se teneva gli occhi stretti stretti. Arrabbiato, il bambino si tirò la coperta fin sopra la testa. Adesso era buio, ma ben presto lì sotto non aveva più aria da respirare. Mario andò alla finestra e brontolò in direzione del cielo.

«Sei più luminosa del sole. Lasciami dormire, altrimenti domani sarò stanco morto!» ma la luna non lo sentì, e continuò imperterrita a splendere.

Mario sospirò. L'indomani voleva essere riposato perché sarebbero venuti in visita i nonni. Volevano andare insieme al castello, dove il nonno gli avrebbe comprato un grossissimo gelato di cioccolato, glielo aveva promesso.

Mario sentì bussare ai vetri, aprì la finestra e una fatina scivolò nella sua stanza. «Ho sentito che non riesci a dormire» gli disse. «Voglio aiutarti. Esprimi un desiderio!»

«Che ne dici di un nuvolone davanti alla luna?» chiese Mario.

La fatina si sfregò il naso. «Lo potrei fare» disse. «Però poi tanti animali che si aggirano di notte non ci vedrebbero più.»

«Oh, no, allora non voglio» disse subito Mario. «Tu che cosa suggerisci?»

«Che ne pensi di una bella tenda scura? Così potresti dormire bene anche con la luna piena» propose la fatina.

«Fantastico!» esclamò Mario. La fatina agitò il ditino e all'istante nella stanza calò il buio. Mario fece appena in tempo a sussurrare: «Grazie!» che già era sprofondato addormentato nel suo letto.

Da te le tende sono ben tirate? Allora di sicuro anche tu potrai dormire bene!

La fata sull'albero di mele

Nadja divideva la stanza con suo fratello, che aveva montato la ferrovia del suo trenino su tutto il pavimento. Per lei non rimaneva più posto, perciò se ne andò arrabbiata nel suo posto preferito, sotto l'albero di mele. «Aiuto!» sentì pigolare una vocina. Ma Nadja non vedeva nessuno. «Quassù! Presto, sbrigati, sto per cadere!» gridò ancora la vocina. Nadja si arrampicò fin sulla cima e là, proprio in alto in alto, fra i rami sottili, ondeggiava una fatina. «Mi sono impigliata» pigolò. Quando Nadja arrivò da lei, la punta ondeggiò pericolosamente. *Cric!* Nadja trattenne il fiato e si tenne stretta stretta con tutte e due le mani al tronco dell'albero. «Ti prego, non scendere di nuovo» la implorò la fatina. «Ma tu chi sei?» le chiese Nadja.

«Mi chiamo Lissi e sono una fatina.»

«Ma io credevo che le fatine esistessero soltanto nelle fiabe» si stupì Nadja. Però una fata devi salvarla anche se hai paura! Nadja si sporse in avanti e afferrò il ramo su cui si aggrappava Lissi. *Crac!* Il ramo si spezzò e Nadja prese la fatina appena in tempo. Quando furono di nuovo a terra, Lissi le disse: «Grazie per il tuo aiuto. Adesso posso esaudire un tuo desiderio.» Nadja sentì il cuore batterle forte in petto. «Qualunque cosa?» «Quello che vuoi» la incoraggiò la fatina. Nadja non dovette pensarci a lungo. «Vorrei un castello con tante stanze.» Lissi agitò la sua bacchetta magica e – *zac!* – sull'albero di mele spuntò un piccolo ma sontuoso castello. Quando sorse la luna, la bambina andò sul suo balcone e salutò Lissi che fluttuava sulla cima dell'albero.

E adesso, voli anche tu con la fatina nel paese dei sogni? Sogni d'oro e a domani!

L'orsetto se la prende comoda

Oggi l'orsetto aveva voglia di prendersela comoda. Salì sulla sua barchetta e andò in mezzo al lago, là tirò fuori lo zaino e incominciò a mangiare uno dopo l'altro un panino al prosciutto, uno al miele, tre tavolette di cioccolato e un sacchetto intero di caramelle. Sazio e contento, ondeggiava sulla barca e presto si addormentò. E fece uno stranissimo sogno: prima di tutto il fantasma del vento era volato in cielo fischiando forte: «*Buh! Buh!*» Poi aveva preso per mano il fantasma dei fulmini e insieme si erano messi a fare un balletto. Quindi il fantasma dei tuoni aveva suonato i timpani. «*Bum! Bum! Bum!*» Ognuno di quei fantasmi era così strano che l'orsetto non poté fare a meno di ridere e si svegliò. E come nel sogno, il vento gli scompigliava il pelo e le onde sferzavano la barca. In cielo si andavano ammassando nuvoloni neri! Allora l'orsetto sentì una voce conosciuta chiamare: «Orsetto! Vieni qui!» Era Niklas! Stava sulla riva e gridava tenendo le mani a megafono davanti alla bocca. L'orsetto incominciò a remare, combattendo contro il vento sempre più forte e contro le onde sempre più alte. I tuoni rombavano, i primi goccioloni di pioggia picchiettavano l'acqua, ma lui non aveva paura, perché sapeva che presto sarebbe stato da Niklas. Metro dopo metro, il paffuto orsetto continuava la sua avanzata. «Orsetto!» lo festeggiò Niklas. Ce l'aveva fatta! Il bambino lo aiutò in fretta a sbarcare e insieme corsero a casa sotto la pioggia, dove la mamma li aspettava con l'asciugamano e li sfregò ben bene. L'orsetto era così stanco che non volle neppure cenare, voleva solo dormire. E tu, bambino mio, qui nel tuo lettino sei al sicuro. Né la pioggia né i tuoni possono farti del male. Perciò chiudi presto gli occhietti e fa' tanta nanna!

Carol e Fridolin

L'asinella Carol e il topolino Fridolin andarono a fare una passeggiata nel bosco. E lì, sotto un mucchio di foglie, trovarono una bicicletta tutta arrugginita. Unirono le forze per tirarla fuori e poi la osservarono bene. Sì, era piuttosto sporca, però non sembrava rotta, perciò i due amici decisero di rimetterla in sesto.

Per prima cosa la pulirono per bene. Per l'asinella non fu un compito facile, perché gli asini non hanno mica zampe, ma zoccoli. Ma Carol non si lasciò fermare da un dettaglio del genere: si voltò di schiena e il topolino le prese la coda e la usò come piumino per spolverare. Con le lunghe orecchie di Carol lucidarono poi il sellino e il manubrio e con la coda del topolino pulirono i raggi.

Alla fine la bicicletta luccicava tutta e decisero di andare a farci un giro di prova. L'asinella si sedette sul sellino, appoggiò le zampe anteriori sul manubrio e quelle posteriori sui pedali. Il topolino si sedette vicino al campanello e incominciò a suonare. E via!

Gli animali che incontrarono rimasero molto stupiti al vederli passare, e dato che li guardavano così curiosi, Carol e Fridolin li invitarono a fare un giro con loro sul portapacchi. Gli scoiattolini furono i primi, poi toccò alla lepre e per finire saltò su anche la volpe. Era divertentissimo.

Dopo un po' però Carol era stanca e smontò. «Domani possiamo fare un altro giro» disse per consolare gli altri animali. Il topolino suonò un'ultima volta con forza il campanello, poi appoggiarono la bici all'albero e andarono a stendersi sul morbido muschio.

Carol si addormentò all'istante e poco dopo anche Fridolin. E tutti e due sognarono bellissime gite e avventure. Di sicuro anche tu sognerai queste cose belle. Chiudi gli occhietti e dormi presto!

Chi salverà il laghetto di montagna?

Il laghetto di montagna se ne stava scintillante al sole fra vecchi alberi e ripide pareti rocciose, ma la sua acqua era opaca: non si sentiva bene, perché qualcuno ci aveva buttato dentro una bicicletta e il metallo arrugginito lo pizzicava tutto e gli faceva un solletico tremendo. Anche i pesci brontolavano. «Quell'affare dà proprio fastidio, bisogna cacciarlo via!» e si ritirarono offesi tra le piante sul fondo. «Chi ci aiuterà?» gridò disperato il lago. Subito Flux volò sulla riva. Il fantasma chiese: «Che è successo?» Il lago si fece trasparente e Flux vide la bici sul fondo. «Non so nuotare, non posso liberarti da quell'affare arrugginito» sospirò il fantasma. Così il lago diventò di nuovo opaco per la tristezza. «Vado a chiamare aiuto» decise Flux. Fluttuò lungo la riva e scoprì Sonja, stesa sul suo materassino a leggere. «Tu sai nuotare?» chiese Flux alla bambina. Sonja non aveva la minima paura di quel fantasma gentile. «Certo» rispose. «Anzi, ho anche già preso il primo brevetto da nuotatrice.» «Non è che potresti tirare fuori la bicicletta dal lago?» le chiese Flux. «Però per farlo mi serve una corda» rifletté Sonja. Subito il fantasma legò una lunga gomena al pontile. La bambina prese fiato, si tuffò sul fondo del lago e annodò la corda attorno alla bici. «Oh, issa!» e insieme Flux e Sonja tirarono fuori la bici dall'acqua. Per la felicità, il lago fece sciabordare a riva piccole onde agitate. Per ringraziarla del suo aiuto, e con grande gioia di Sonja, Flux la trainò sul lago sul suo materassino sollevando un mucchio di spruzzi d'acqua.

Quella sera, Sonja era davvero stanca, proprio come te adesso. Sogni d'oro!

Gli asinelli non sono mica sciocchi!

Sulla via del ritorno, alla fine dell'allenamento di calcio, Valentin passava sempre vicino al bosco. Lì c'era un pascolo dove l'asinello Apollo brucava tranquillo. Ma a Valentin degli asinelli non importava niente. «Gli asini sono sciocchi» gridava ad Apollo, e si divertiva un mondo a gettargli dei sassolini o a tirargli la coda.

Apollo non era sciocco per niente, ma dato che era un tipo bonario sopportava gli scherzi maligni di Valentin. Un giorno il bambino gli passò di nuovo davanti e gli fece una linguaccia, ma non si era accorto di avere un buco nella tasca dei pantaloni, e mentre saltellava davanti ad Apollo e gli faceva le smorfie, gli cadde qualcosa. Apollo voleva avvertirlo, ma il bambino era già corso via.

L'asinello si avvicinò allo steccato e vide brillare al sole una chiave. Anche la gazza, appollaiata su un abete al limitare del bosco, notò il luccichio e volle impossessarsi a tutti i costi di quel bell'oggettino. Partì in volo, l'afferrò con il becco e volò via.

Poco dopo, al recinto tornò Valentin, che si mise a cercare disperato nell'erba. Apollo lo lasciò cercare per un po', poi gli chiese: «Non è che per caso cerchi la tua chiave?»

Valentin trasalì spaventato. «Ma tu sai parlare!»

«Certo, non sono mica sciocco!» spiegò tranquillo Apollo.

«E sai anche dov'è la mia chiave?» gli chiese Valentin.

«Guarda un po' nel nido della gazza, lassù sull'abete» gli suggerì Apollo. Valentin si arrampicò lesto lesto sui rami e poco dopo tornò giù con la chiave in mano. Corse da Apollo e per la gioia gli gettò le braccia al collo. «Non ti farò mai più dispetti!» gli promise.

E adesso, tu promettimi di chiudere presto gli occhietti!

La festa al castello

Al castello volevano fare una grande festa in giardino e la topolina Tina aveva un mucchio di cose da fare perché lei era la giardiniera. Dopo aver sistemato per bene il giardino, le rimaneva da falciare il prato. Si sedette su una modernissima falciatrice e si mise ad andare per il prato così in fretta ma così in fretta che quasi le girava la testa. «*Brrr!*» stridette a un tratto il motore incominciando a fumare. E poi si fermò del tutto. «Oh, no!» Tina era disperata.

Una fatina notò il suo sgomento. «Che è successo?» chiese a Tina.

«La mia falciatrice è rotta e con la falce si va così lenti che non farò mai in tempo a falciare tutto il prato entro stasera!» gemette la topolina.

«La tua sfortuna mi torna proprio utile, perché per combinazione poco fa ho incontrato un paio di pecore che avevano una gran fame» le disse allora la fatina. «Ecco che adesso le posso aiutare.»

Volò via e poco dopo tornò spingendo davanti a sé le pecore. «Sono un'ottima falciatrice alternativa» spiegò la fatina. «Così sarete tutti contenti!»

Subito il piccolo gregge si sparse sul prato e si diede da fare a brucare e ad accorciare l'erba. «Grazie, mia cara fatina» esclamò Tina. «Vuoi venire alla festa di questa sera?»

Quando sorse la luna, il prato era bello rasato e tutte le pecore erano sazie e soddisfatte: la festa poteva iniziare.

E a te qualche volta è venuta un'idea buona come quella della fatina? Allora aspetta con gioia che arrivi domani! Buonanotte e sogni d'oro!

Chi si nasconde là?

Sarah era andata a trovare i nonni. Ci andava volentieri, perché dietro la casa c'era un boschetto in cui giocava tanto bene con il suo orsetto. Quel giorno Sarah raccoglieva legna secca sul limitare del bosco perché il nonno le aveva promesso di fare un bel falò su cui arrostire i würstel. In breve la bambina aveva raccolto tanta legna che non sapeva più come fare a portarla a casa. Ma proprio allora udì una risatina birichina. Guardò l'orsetto, ma quello se ne stava seduto bravo bravo per terra e non fiatava. E allora, da dove arrivava quella risata? Qualcuno si nascondeva forse dietro il cespuglio? Sarah si avvicinò e fra i rami scorse un omino verdognolo tutto luccicante. «E tu chi sei?» chiese. «Mi chiamo Balthasar e sono il fantasma del bosco. A che cosa ti serve tutta quella legna?»

«Mio nonno deve accendere un falò» spiegò Sarah. «Sei fortunata! Qui nel bosco è vietato accendere il fuoco» sospirò il fantasma. «Io non ho mai visto un falò.» Sarah ebbe un'idea. «Vorresti aiutarmi a portare la legna a casa? Poi potresti stare con me a guardare il falò.» «Sììì!» gridò Balthasar entusiasta. Portarono la legna a casa e aspettarono che si facesse buio. Ma Sarah si accorse di avere dimenticato il suo orsetto nel bosco: nessun problema per Balthasar! Fece un volettino rapido fin laggiù e riportò indietro l'orsetto. «Grazie! Un amico che sa volare è fantastico» disse Sarah.

«Anche un'amica che fa le grigliate lo è» rise Balthasar addentando allegro un würstel. Si godettero il tepore del falò finché anche l'ultimo pezzettino di legno non fu tutto bruciato. Sarah era così stanca che le si chiudevano gli occhietti. Balthasar le mise piano l'orsetto fra le braccia e poi tornò felice in volo nel bosco.

E adesso prendi anche tu il tuo orsetto fra le braccia e chiudi gli occhietti.

Severin non vuole fare il clown

L'asinello Severin viveva in un circo itinerante. Era divertentissimo, ancora di più che vivere in un castello. Però non gli piaceva quando gli altri si prendevano gioco di lui. E tutto solo perché lui era così piccolo e aveva le zampe così storte che non poteva cavalcarlo nessuno. Il suo compito al circo era di lavorare con i clown. Loro lo tiravano e lo spingevano, gli saltavano su e ci facevano le capriole sotto. Alla fine il pubblico rideva dello sciocco asinello e applaudiva i clown. Severin ne aveva abbastanza di essere sempre deriso. Un bel giorno si fermò semplicemente in mezzo alla pista e non si lasciò tirare più da nessuna parte. Gli spettatori urlavano «Buuu!» e i clown erano furiosi. Ma Severin rimase cocciutamente fermo in pista finché non venne il direttore del circo in persona. «Che cosa succede, Severin?» gli chiese.

«O posso fare qualcos'altro oppure non mi muovo più di un centimetro da qui» spiegò l'asinello. Il direttore non sapeva che cosa fare, ma Max, il suo bambino, ebbe una bella idea. Gli appese attorno al collo la chiave della serratura della cassa del mago.

«Così potrai aprire la cassa e liberare la donna che ci ha infilato dentro» spiegò il bambino a Severin. L'asinello fu felice di quel compito così importante e lasciò la pista tra gli applausi degli spettatori.

Dopo lo spettacolo, Severin era stanco proprio come te adesso. Domani sarà un nuovo giorno e potrai giocare al circo con i tuoi animaletti di peluche, ma prima devi dormire. Buonanotte!

Una famiglia per Taps

«Oh!» L'orsetto Taps era caduto nel lago dal vaporetto. La sua pelliccia si era imbevuta d'acqua ed era affondato nell'acqua verde scuro. «Aiuto!» gorgogliò prima di sprofondare sempre più giù e finire sul fondo.

Subito Nepomuk, fantasma e signore del lago, accorse a osservarlo. «Ti prego, tirami fuori di qui, il mio posto è nella camera dei bambini, non nel lago» lo implorò Taps. Nepomuk lo riportò a riva. «Con l'aspetto che hai adesso, sarà difficile che tu riesca a trovare una nuova casa» gli disse. Nella pelliccia di Taps si erano impigliate diverse alghe e alcuni mitili gli avevano strappato le braccia. Il fantasma lo pulì e lo accomodò amorevolmente. «Adesso sei di nuovo a posto» stabilì dopo avere lavorato tanto.

«Voglio qualcuno che mi coccoli» lo pregò Taps.

Il fantasma gli diede un colpetto affettuoso nella pancia e gli disse: «Conosco qualcuno che sarà contentissimo di averti. I miei figliocci!» E subito lo portò in volo a una tana di topolini.

«Ci sono visite!» urlò Nepomuk alla porta, e i topolini uscirono uno dietro l'altro. Quando i sei topolini videro Taps, ne furono felicissimi e lo ammirarono: «Ma quanto sei grosso!»

«Ti manda il cielo!» disse mamma topolina a Nepomuk con un gran sorriso. «I bambini dovrebbero dormire da un pezzo.»

«A letto!» esclamò Taps spingendoli nella tana. Nel letto, i topolini gli si accoccolarono vicino.

«Grazie» sussurrò Taps al fantasma, e con una strizzatina d'occhi Nepomuk tornò a sparire nel lago.

Adesso vuoi accoccolarti anche tu stretto stretto al cuscino come i topolini all'orsetto? Sogni d'oro!

La fatina e l'orsetto riescono a liberarsi

Brummi si spaventò quando vide grosse manone strapparlo dal letto. «Steffi ormai è troppo grande per lui.» E il vecchio orsetto venne cacciato in un sacco di plastica insieme con altri giocattoli. «Domani questa roba va alla discarica!» disse il padre di Steffi. Poi i suoi passi risuonarono giù per la scala. Il sacco finì in cantina, quindi la porta venne richiusa. «Che cos'è questa discarica?» chiese una vocina pigolante vicino all'orsetto. «Di sicuro niente di buono!» borbottò lui. Aveva riconosciuto la voce della piccola fatina con cui Steffi giocava sempre così volentieri nel castello giocattolo. «Io voglio tornare da Steffi» disse la fatina. «Allora fa' un incantesimo per uscire da questo sacco» ribatté Teddy. «Non posso» rispose la fatina. «La mia bacchetta magica è rotta.»

«E tu usala per fare un buco nella plastica.» Quello era un bel suggerimento, e insieme spinsero la bacchetta con tutte le forze contro le pareti del sacchetto. *Strap!* la plastica si aprì e i due sgattaiolarono fuori. Ma uff! la porta della cantina era chiusa. La fatina riuscì a passare fra le assi di legno della porta, ma Brummi era troppo grosso. «Aspetta, ti tolgo un po' di imbottitura dalla pancia» disse la fatina. «Mi fai il solletico!» ridacchiò Brummi quando lei incominciò a darsi da fare approfittando di un punto allentato. Alla fine anche lui riuscì a passare fra le assi. Prese la fatina in spalla e insieme salirono la scala. Quando bussarono alla porta di Steffi, era buio: speravano che non dormisse ancora. «Brummi! E la fatina! Vi ho cercati dappertutto!» esclamò la bimba abbracciandoli tutti e due. Quando papà venne a dare la buonanotte a Steffi, si stupì: «Credevo che ormai fossi troppo grande per loro due!» «Ma loro sono miei amici, e per gli amici non si è mai troppo grandi» gli spiegò la figlia. Li prese tutti e due fra le braccia e si addormentò felice come stai per fare anche tu.

Di notte è tutto grigio

La luna illuminava il bosco addormentato e il fantasma Vincent, sorvolando i fiori, sussurrò: «Vorrei tanto vedere i vostri colori, per lo meno una volta soltanto. Ma di notte è sempre tutto grigio.» «Posso aiutarti io» stridette la civetta Sophia. «Tu lo sai vero che io non posso stare al sole, altrimenti mi dissolvo?» le spiegò però triste Vincent.

«Vieni con me!» Sophia spiegò le ali e Vincent la seguì fino a una casetta sull'albero. Sophia entrò. «L'hanno costruita oggi i bambini» stridette la civetta. «E come può aiutarmi?» le chiese perplesso Vincent. «Vieni a vedere che cos'ha lasciato qui uno di loro!» Vincent scivolò dentro la casetta dove Sophie gli indicò un corto tubo di plastica.

«E questo che cos'è?» Il fantasma guardava interessato il tubo. «Ho visto che può fare luce» spiegò Sophia tutta compunta. *Clic!* Non appena Vincent premette il grosso pulsante, nella casetta si accese una macchia di luce rotonda. «Un miracolo!» si stupì. Anche se il fantasma aveva più di cento anni, non aveva mai visto una torcia portatile. «Vieni fuori, vedrai che bello!» esclamò Sophia, e volò via. Entusiasta, Vincent fluttuò nel bosco illuminando tutti gli alberi, i fiori e gli animali addormentati. E così vide quanto fosse intenso il verde scuro delle felci, quanto fossero rosso sangue i lamponi appesi ai rami e quanto scintillasse argentea la rete dei ragni alla luce. Prima ancora che la batteria della torcia si fosse scaricata, aveva visto tutti i colori della natura. Era felice. E adesso fai un bel sogno tutto a colori!

La fatina del circo

Era il compleanno della mamma e Samira voleva regalarle qualcosa di molto speciale, ma purtroppo tutti i regali belli costavano tanti soldi, pensava Samira. Per papà era tutto molto più facile, lui le regalava una collana nuova, poteva permettersela. La sorella più grande di Samira, Pia, preparò una torta. Anche quella andava benissimo. Ma Samira era ancora troppo piccola e non poteva usare il forno da sola. Uffa, che rabbia! «Falle un bel disegno!» le suggerì il papà. Già, ma Samira lo aveva già fatto l'anno prima e anche quello prima ancora. Che noia!

La mamma disse: «Non c'è bisogno che mi regali niente, io sono già contenta di averti. Per me è sufficiente!»

Ma a Samira non bastava. «Non hai un'idea?» chiese alla sua migliore amica, Luise.

«A me piacerebbe moltissimo avere un topolino» rispose Luise.

«Però tu un topolino ce lo hai già» disse Samira.

«Appunto» spiegò Luise raggiante. «Vuoi che ti mostri tutto quello che sa fare?» Tirò il topolino fuori dalla gabbia e gli porse un pezzettino di formaggio: subito il topolino si drizzò sulle zampette posteriori e incominciò ad annusare tutto attorno. Alla fine Luise gli mise davanti un piccolo ostacolo e fece in modo di attirare il topolino con il formaggio. «Bravissimo!» applaudì Samira.

«E allora?» volle sapere Luise.

«Adesso glielo regali un topolino alla tua mamma?»

«No» sorrise Samira. «Però mi è venuta un'idea migliore e tu puoi aiutarmi!» Il giorno del compleanno, la mamma di Samira ricevette un invito disegnato a mano. Sopra c'era scritto: *Grande spettacolo del circo, oggi alle tre al lago.* Sul prato vicino al lago, Samira stese una coperta per la mamma, papà e Pia perché potessero stare seduti comodi. Samira si era messa un vestito da fatina, perché naturalmente non poteva esibirsi senza costume. «Per prima cosa vedrete un pericolosissimo predatore addomesticato da noi!» annunciò. Luise tolse il drappo dalla gabbia e fece fare al topolino i suoi piccoli numeri. Poi Samira si esibì andando sulla bicicletta senza mani.

Non andò proprio alla perfezione, però riuscì a fare per lo meno un pezzetto. La mamma, papà e Pia applaudirono. «E adesso la nostra funambola!» annunciò Luise, e posò una fune per terra. Agilmente, Samira ci camminò sopra senza mai perdere l'equilibrio! Applausi scroscianti! «E per finire il nostro spettacolo, chi oggi compie gli anni potrà esprimere un desiderio! Le fatine buone lo esaudiranno!» annunciò Samira. «Benissimo» esclamò la mamma. «Oggi compio gli anni e vorrei un grosso bacione dalla mia fatina buona. Si può avere?» Ma certo che si poteva! Samira corse dalla mamma e le diede un bel bacione grosso grosso con lo schiocco. Tutte e due erano molto felici di quel riuscitissimo spettacolo di compleanno. «E l'anno prossimo ti mostrerò anche un trucco magico» promise Samira.

E adesso la fatina buona ti spedisce a letto e ti augura la buonanotte!

La chiave dimenticata

Miriam aveva solo sei anni, ma il martedì e il giovedì doveva essere molto responsabile, perché in quei due giorni la sua mamma lavorava in un ufficio: le preparava in anticipo il pranzo e vicino al piatto lasciava alla bambina un biglietto con su scritto: *Buon appetito!* e un bacio disegnato con il rossetto. Era un piovoso giorno d'autunno e Miriam aveva dimenticato la chiave. Tornò a casa da scuola ma non riuscì a entrare! Quando fa freddo, si trema e per di più si ha fame, è veramente una seccatura doversene restare fuori da una porta chiusa. Ma dato che Miriam trovava sempre una soluzione a tutto, le venne subito una buona idea, anzi, un'idea veramente ottima: decise di andare da zia Tanja, che viveva in una stradina vicino al bosco. Miriam avrebbe aspettato la mamma lì. Purtroppo, però, anche la zia Tanja non era in casa. Allora Miriam ebbe la sua seconda buona idea. Vicino alla casa di zia Tanja c'era una stalla in cui viveva Fritzi, l'asinello. Miriam andò lì e aprì la porta scricchiolante. Fritzi doveva averla sentita arrivare, perché la salutò con un allegro «Ih oh!» Si distese sulla paglia e Miriam si accoccolò vicino alla sua pancia calda. Poi gli raccontò della scuola, della stupida pioggia e della chiave dimenticata, e Fritzi la ascoltò attentamente. A poco a poco la voce di Miriam si fece sempre più sommessa e dopo un po' si addormentò. Fritzi però vegliò sul suo sonno finché la mamma, che aveva immaginato subito dove avesse trovato riparo Miriam, venne a prenderla.

Pensi che la paglia di Fritzi fosse morbida come il tuo lettino? Io non credo proprio, però sono sicuro che la tua coperta è calda come la sua pancia. Perciò adesso dormi anche tu: forse sognerai l'asinello Fritzi.

Quando la luna cadde dal cielo

Era una tiepida notte estiva. La luna splendeva in alto nel cielo e illuminava allegra la terra e il lago. Sulla riva sorgeva una piccola casetta di pescatori con un pontile e una barca che ondeggiava sull'acqua. Julian, che viveva nella casa, stava per andare a letto quando sentì uno strano tonfo. Guardò fuori dalla finestra e rimase a bocca aperta: in mezzo al lago c'era la luna che dal fondo mandava i suoi raggi attraverso l'acqua! Curioso, Julian corse fuori. Seduta sul pontile trovò una fatina che sospirava disperata. «Ho sbagliato incantesimo» gli spiegò triste. «E adesso la luna è caduta in mezzo al lago, e per rovesciare l'incantesimo devo andarci vicina vicina. Ma il lago è troppo grosso, non posso volare sopra tutta quell'acqua!»

Era così disperata che Julian ebbe compassione di lei. Il bambino era andato spesso in barca sul lago con il suo papà. Mostrò alla fatina la barca che usavano per la pesca.

«Vedrai che con quella ci arriviamo in un attimo» disse. In fretta, salirono a bordo tutti e due e Julian remò fino al punto in cui la luna splendeva sotto l'acqua.

La fatina sollevò la bacchetta e mormorò un incantesimo. Julian rimase a guardare con gli occhi sgranati mentre la luna usciva dall'acqua e saliva sui prati su su fin sopra le nuvole. Poco dopo era di nuovo al suo posto in mezzo al cielo.

Quando Julian tornò nel suo letto, sentì il papà dire: «Che strano, avevo l'impressione che ci fosse un'eclissi di luna».

«Stai sognando» rispose la madre. «Su, dai, andiamo a dormire.»

Julian si infilò piano sotto le coperte e sognò la fatina. La luna però stava su nel cielo e distribuiva la sua tenue luce su tutti, anche su di me e su di te.

Perciò ora fa' presto la nanna.

L'ora degli spiriti

Don, don, don, don... L'orologio della torre suonò dodici volte. Per il resto, nel castello era tutto silenzioso. Il fantasma Viktor spalancò gli occhi e si rallegrò: «Finalmente è mezzanotte!» Lesto andò a bussare alla vecchia cassapanca in cui dormiva la sua amica fantasma. «Kassandra, svegliati. È l'ora degli spiriti!» Kassandra sgusciò fuori e guardò dalla finestra. «Bene, una bella notte stellata, possiamo uscire a fare paura alla gente!» Insieme scesero per la ripida scala della torre e andarono in cortile. Lì Kassandra si fermò e indicò un qualcosa di scuro sulla parete opposta. «Ma c-che cos'è?» Viktor guardò anche lui e si spaventò. «È una novità, è qualcosa di pericoloso!»

«Forse un drago?» bisbigliò Kassandra. «Oppure una semplice trappola per fantasmi» ipotizzò Viktor. Ma poi qualcosa vicino a loro si mise a ridacchiare: davanti ai due fantasmi era accoccolato un topolino che se la rideva. «Ma è solo una bicicletta! Il padrone di casa l'ha dimenticata.»

«Una bici-cosa?» chiese Viktor. Il topolino scosse il capo. «Ma lo sa anche un bambino!» «Io sto qui da trecento anni e non lo so» ribatté stizzita Kassandra.

«D'accordo, allora, una bicicletta è un po' come un cavallo» spiegò il topolino. «Serve per spostarsi più velocemente.»

«Allora è un animale?» si stupì Viktor. «No, no, non è un animale vero» rispose il topolino. «È una cavalcatura di ferro che bisogna spingere da soli.» «Proviamola!» propose Kassandra. All'inizio i due fantasmi non facevano che cadere, ma a un certo punto impararono e si misero a pedalare felici in tutto il cortile. Ormai a fare paura non ci pensavano più. Solo all'aurora se ne tornarono stanchi ma felici nei loro letti. E adesso anche tu dormi bene, così domattina sarai ben riposato e potrai andare sulla tua bicicletta!

Lentiggini celesti?

La piccola fatina Leila piangeva: «Tutto ciò che tocco si colora di celeste.» Le sue bambole avevano capelli celesti; piatti e posate: tutto celeste. Perfino la carta igienica! «Nessuno vuole giocare con me» singhiozzava Leila, perché chiunque veniva toccato da lei si ritrovava le lentiggini celesti. «Ma io non voglio stare da sola, forse da qualche parte c'è qualcuno a cui il celeste piace.» Andando alla ricerca di un'amica incontrò Anna, che in giardino cercava di aggiustare la sua bicicletta. Si era infilata un bel paio di guanti di gomma per non sporcarsi con il grasso della catena.

«Potrei essere sul lago da un pezzo, se non fosse saltata la catena» brontolava la bambina.

«Posso aiutarti?» le chiese Leila.

«Ma certo!» rispose Anna tutta contenta porgendo anche a lei un paio di guanti. "Questa è la soluzione!" pensò Leila infilandoseli. "Perché non ci ho pensato da sola?" In fretta ripararono la bicicletta e poi Anna mise la piccola Leila sul portapacchi e la portò con sé al lago. Quando arrivarono sulla riva, si presero un bello spavento: l'acqua era tutta grigia. «Mi sono scolorito tutto e adesso nessuno vuole più fare il bagno nella mia acqua» piagnucolava il lago.

Leila si sfilò i guanti. «Posso aiutarti io!» disse. Non appena mise le mani in acqua, questa si colorò di un bel celeste.

«Grazie mille!» le disse allegro il lago. In breve i bagnanti tornarono a frotte in quella splendida acqua celeste e nessuno si stupì nel vedere la bambina con i guanti di gomma che sguazzava nell'acqua bassa con la sua nuova amica.

Forse in sogno ti apparirà Leila, perciò non stupirti se domani ti ritroverai le lentiggini celesti.

L'asinello e il porcellino salvadanaio

Lo zio Ernst infilò una banconota nel porcellino salvadanaio di Moritz: «Ecco, perché tu possa comprarti quel gommone che desideri tanto.» Il bambino era felicissimo. Il suo più grande sogno si sarebbe avverato. Sarebbero state delle vacanze bellissime!

Il suo asinello di peluche però era dispiaciuto: Moritz preferiva andare al lago che giocare con lui! «Dobbiamo impedirgli di comprare il gommone» sussurrò all'orecchio del porcellino. «Sì, perché se mi toglie tutti i soldi dalla pancia, io sono del tutto inutile» grugnì il porcellino. Si era appena fatto buio e tutti dormivano quando l'asinello prese la chiave del porcellino dal cassetto della scrivania. Quando la chiave gli solleticò la pancia, il porcellino salvadanaio non riuscì a trattenere una risata. «Fai piano altrimenti Moritz si sveglia» si raccomandò l'asinello. il porcellino rotolò giù dalla mensola e si ruppe. «Che succede?» Moritz sbatté gli occhi e accese la lampada sul comodino. Allora l'asinello gli confessò perché volesse portare via i soldi dal porcellino. «Sciocco asinello» lo rimproverò Moritz stringendoselo forte al petto. «Certo che ti porto con me.» L'asinello era ancora triste. «E che ne sarà del porcellino?» Moritz lo consolò. «Domattina lo incolliamo e porteremo anche lui.» Felice, l'asinello chiuse gli occhietti e sognò un gommone di un bel rosso acceso. Anche tu questa notte sognerai una barca? Sogni d'oro!

I nuovi amici

L'orsetto, seduto sulla mensola, si annoiava e sospirò: «Oh, se solo avessi degli amici!» Pensò un po' dove potesse trovarne: per la strada era troppo pericoloso, in giardino il gatto gli avrebbe dato la caccia; forse nel bosco? Sgraffignò un po' di nocciole e di biscotti in cucina, preparò lo zaino e si mise in marcia.

Poi vide un topolino che si teneva una zampetta e piagnucolava: «Mi sono fatto male a un dito e non posso più camminare».

«Nella tasca laterale del mio zaino c'è ancora posto» gli disse l'orsetto. «Salta su!»

Il topolino accettò l'offerta e così proseguirono la strada insieme. Poco dopo arrivarono a un ruscello. Sulla riva era seduto uno scoiattolo che fissava l'acqua.

«La mia ultima nocciola è caduta lì dentro e adesso ho così tanta fame!» spiegò tutto triste. L'orsetto ripensò alle sue nocciole e propose di fare un bel picnic. Si sedettero subito tutti e tre sul muschio e mangiarono nocciole e biscotti.

Quando furono sazi, si misero a giocare a "Indovina l'animale". Lo scoiattolo descrisse un animale con grossi occhi e un piccolo becco ricurvo: era il gufo. Il topolino pensò a un animale con le pinne che viveva nell'acqua: naturalmente era un pesce. E l'animale dell'orsetto era grosso, aveva pelo grigio e folto, zampe come quelle del cavallo e lunghe orecchie. «*Ih oh!*» sentirono ragliare alle loro spalle.

«Ma sono io!» Un piccolo asinello si era avvicinato senza farsene accorgere e aveva ascoltato l'indovinello.

«Esatto» rise l'orsetto. «Resta e gioca con noi.»

Giocarono finché non venne buio. Poi l'asinello riportò i suoi amici a casa, lo scoiattolo alla grande quercia, il topolino nella sua tana e l'orsetto a casa.

Quella sera l'orsetto se ne tornò stanco e felice sulla sua mensola. Chiuse gli occhietti e sognò i suoi amici. E chi sono i tuoi migliori amici? Forse questa notte sognerai di loro.

L'ultimo desiderio rimasto

C'era una volta una fatina che viveva in un cespuglio di mirtilli in mezzo al bosco e raccoglieva in un grosso corno i desideri dei bambini. Ogni mattina volava via con il suo corno bello pieno e la sera tornava stanca con il corno vuoto dopo averli esauditi tutti. Quando quella sera scrollò per bene il suo corno, ne uscì fuori un piccolo desiderio colorato che era rimasto infilato nella punta in fondo. Era il desiderio di un sogno fatto di bolle colorate di felicità al centro e stelle filanti che serpeggiavano e fili di risate sugli angoli. Ma a chi apparteneva?

La fatina chiese alla luna che si nascondeva dietro una nuvola: «Cara luna, potresti guardare di nuovo chi ha desiderato una cosa così buffa?» la pregò.

La luna spinse via la nuvola e si mise a cercare, e poco dopo scovò una bambina stesa nel suo letto che desiderava con insistenza il suo buffo sogno. Però non riusciva proprio ad addormentarsi. La fatina ringraziò molto la luna e volò dalla bambina che stava gridando: «Ho contato le pecore, ho bevuto un bel bicchiere di latte caldo, mi sono sfregata la pancia, ma non è servito a niente. Vorrei potermi finalmente addormentare e sognare qualcosa di bello!»

La fatina posò il corno sopra la bambina e il sogno rotolò fuori. Un secondo dopo la bambina era sprofondata in un sonno profondo e sognava stelle filanti che serpeggiavano e fili di risate. E bolle colorate di felicità la trasportarono nella notte.

Se una sera non riesci ad addormentarti, chiudi comunque gli occhietti. Chissà, forse la fatina verrà da te e scuoterà il suo corno sopra di te.

Il cavaliere Simon

Simon si era costruito un castello con un paio di vecchie assi. Adesso correva in giro con la sua spada di legno per vivere qualche bella avventura come cavaliere. A un tratto per terra accanto a lui cadde qualcosa. «Chi mi attacca alle spalle?» urlò il cavaliere Simon guardandosi attorno. Non c'era nessuno! Si chinò e raccolse una chiave. Non sembrava la sua chiave di casa, era fatta di vetro e scintillava di tanti colori.

«È la mia!» pigolò una vocina sopra di lui. Il bambino alzò gli occhi e vide fluttuare davanti a sé una fatina che scintillava degli stessi colori della chiave.

«Questa chiave è la tua?» chiese.

«Sì, è per il mio castello sull'arcobaleno. Ho preparato tutto per la gara di incantesimi di oggi, ma mi è caduta dalla tasca.»

«Una gara di incantesimi?» domandò Simon stupito.

«Già! Una volta l'anno noi fate decidiamo chi è la più brava. Anzi, mi viene in mente che ci serve ancora un giudice: avresti voglia di farlo tu?»

«Ma certo!» esclamò Simon felice. La fatina volò con lui sull'arcobaleno. Là li aspettavano già le altre fate.

In fretta la fatina dell'arcobaleno aprì la porta scintillante e iniziò la gara. La fatina d'argento fece un fuoco artificiale argentato nel cielo. Simon era entusiasta. Ma gli piacque anche la pioggia dorata della fatina d'oro e pure il drago volante incantato della fatina del vento. Non sapeva decidere chi fosse la fatina migliore.

«Tocca ancora a me» esclamò la fatina dell'arcobaleno e schioccando le dita trasformò all'istante il castello di legno di Simon in un vero castello di pietra con una torre e un ponte levatoio.

«Tu sei la migliore!» esclamò felice Simon. Adesso non vedeva l'ora di tornare a casa. E qual è il tuo più grande desiderio? Chiudi gli occhietti e sognalo!

Attenzione: trappola per topi

In un castello viveva una volta un topolino. Ci abitava volentieri, perché trovava sempre qualcosa da mangiare: cioccolato, formaggio, pancetta, nocciole, spaghetti. E così viveva molto soddisfatto. Un giorno, però, il proprietario del castello installò delle trappole per topi. Quando si alzò la luna, Anton, il vecchio fantasma, vide tutte quelle trappole a ogni angolo e all'istante decise di aiutare il topolino.

Non dovette aspettare molto: il topolino passava di lì annusando tutto attorno. Non fiutava forse un ghiottissimo pezzetto di cioccolato? Stava già per mettersi a correre quando Anton appoggiò la sua mano fantasma sopra la trappola. *Clac!* fece la trappola chiudendosi. Adesso non era più pericolosa e il topo poté mangiarsi tranquillamente il cioccolato.

Clac, clac, clac: Anton fece scattare una trappola dopo l'altra e con tutto quel cioccolato il topolino si ritrovò un pancino bello tondo. L'indomani mattina il proprietario del castello volle andare a controllare se fosse riuscito a catturare il topo: il cioccolato era sparito da tutte le trappole, ma neppure una di loro aveva acchiappato il topolino!

«Non capisco» disse il padrone di casa. «Quel topolino è troppo furbo per noi.» Da quel momento decise di accettarlo semplicemente come un membro della famiglia, e da allora il topolino visse la più splendida vita da topo che si possa immaginare. Adesso girava felice tutte le notti per il castello mettendo insieme un gustoso spuntino.

Ma tutto questo succede solo se dormi. Ssst, il topolino aspetta!

La gara di corsa

Quel giorno Fiona era andata all'asilo tutta felice con la sua nuova e fiammante bicicletta rossa. Gli altri bambini le si affollarono attorno curiosi. «Con questa bici vado più veloce del vento!» disse Fiona. «Pfui!» ribatté Brenda «il mio asinello Rico e io siamo mille volte più veloci di te!» «Il tuo stupido asinello noi lo battiamo anche andando all'indietro!» rise Fiona. «Allora fate una gara!» propose una compagna. «Ma sì!» si misero a gridare tutti. «Che bella idea!» disse Fiona. «E la vincitrice che cosa avrà in premio?» chiese Brenda.

Fiona disse: «Chi perde dovrà pulire la mia bici».

«Allora a te toccherà strigliare Rico» ribatté Brenda.

«D'accordo, sabato sul lago» disse Fiona.

Sabato pomeriggio sulla riva trovarono già ad aspettarle un paio di bambini venuti per fare il tifo. Le due concorrenti dovevano fare il giro del lago. «Pronti, ai posti, via!» Il primo tratto era lastricato, ed era un netto vantaggio per Fiona sulla bici, soprattutto perché all'inizio Rico non aveva la minima voglia di correre anche se Brenda lo incitava disperatamente. Poi però arrivò un tratto di prato che a Rico piaceva e Brenda raggiunse Fiona. Fiona si impantanò con le ruote in una pozzanghera e incominciò a imprecare. Poi Rico si fermò un'altra volta per piluccare qualche succulento filo d'erba e Fiona riuscì a raggiungerlo. L'ultimo pezzo fu un vero testa a testa. «Chi ha vinto?» domandò Brenda senza fiato quando arrivò al traguardo. Tutti i bambini scrollarono le spalle. «Eravate tutte e due veloci uguali!» E così Fiona dovette pulire da sola la ruota incrostata di fango e Brenda strigliò a lungo Rico finché non fu di nuovo pulito. «Però ci siamo divertite, vero?» sorrise Fiona a Brenda.

«Tanto!» rispose Brenda, felice pure lei. Quella sera le due bambine crollarono stanchissime nei loro lettini. Anche tu oggi hai corso o cavalcato una bici o un asinello e ti sei stancato? Allora di sicuro dormirai bene!

Felix, il ricercatore

Felix era un bambino curioso che voleva sempre sapere tutto con precisione, perché da grande voleva fare il ricercatore e navigare per tutti i mari. Oppure fare l'astronauta e andare sulla luna. Aveva sentito dire che dalla luna la terra sembra una pallina azzurra e voleva verificarlo di persona.

Quando Felix andava in giro, portava sempre con sé alcuni oggetti importanti: un bastone, una pinzetta, un sacchettino di plastica con la chiusura, una torcia tascabile, un pezzetto di spago, un bloc-notes con la matita, una mela e una lente d'ingrandimento. Non si poteva mai sapere che cosa si poteva trovare da studiare per la strada. Della lente, poi, andava davvero orgoglioso: una volta la usava il nonno per studiare i suoi francobolli, ma poi l'aveva regalata a lui. I nonni sono fantastici. Anche Felix voleva diventarlo!

Quel giorno Felix era andato in giro nel bosco: sicuramente era il posto migliore per un futuro ricercatore. Quante cose c'erano da scoprire! Già al limitare rischiò di inciampare in una grossa montagnola: ma chi aveva costruito una montagnola nel bel mezzo del bosco? Felix guardò meglio e vide che sulla collina si muoveva qualcosa. Prese la lente: oh, ma quelle erano centinaia di formiche! A prima vista gli animaletti sembravano incrociarsi alla rinfusa, ma man mano che Felix li osservava capì che cosa stessero facendo: tante formiche tutte insieme costruivano un formicaio e andavano instancabilmente a prendere nuovi aghi di pino per ingrandirlo. Altre formiche si occupavano delle provviste: trasportavano nella loro casa semi, frutti e insetti morti. "Io non credo che riuscirei a portare un peso tanto grande" pensò Felix.

Poi andò avanti e trovò una piuma d'uccello: era celeste con delle strisce nere. Di chi poteva essere? Doveva chiederlo al papà quando fosse tornato a casa. La infilò con cura nel sacchetto e annotò il luogo del ritrovamento sul notes.

A un tratto sentì un grido. Felix si mise a correre, di sicuro qualcuno aveva bisogno di aiuto! Già da lontano riconobbe un asinello in mezzo alla radura. Felix rifletté: lui non avrebbe mai gridato a quel modo se non fosse stato molto male. Forse anche l'asinello non stava bene? Quando si avvicinò, notò che l'asinello teneva sollevata una delle zampe posteriori. Ah ah! Un primo indizio! Felix strisciò sotto il recinto e tirò fuori la torcia e la lente. L'asinello si scrollava irrequieto, perciò Felix lo accarezzò e gli porse la mela. Mentre l'asinello mangiava, Felix ebbe modo di osservargli meglio lo zoccolo. Infatti! Ci si era conficcata una piccola spina. Che male doveva fargli! Per fortuna Felix aveva con sé la sua pinzetta, perciò poté estrarla senza difficoltà. Così, ecco fatto! Felix grattò l'asinello dietro le orecchie. «Credo che adesso sia tutto a posto, caro mio. Ma per prudenza lo dirò anche al tuo padrone, d'accordo?» L'asinello agitò la testa su e giù come se avesse capito le parole di Felix.

Una volta a casa, Felix scoprì dal papà che la piuma era di una ghiandaia. Papà gli consigliò: «Abbine cura! È qualcosa di molto speciale! Le piume celesti non si trovano tanto spesso.»

Ben presto fu l'ora di andare a letto. "Che giornata emozionante!" pensò Felix mentre si stava addormentando. "Forse da grande dovrei fare lo zoologo. Oppure il medico. Oppure il veterinario. Oh, sì, il veterinario sarebbe forte!"

E tu, che cosa vuoi fare da grande? Chiudi gli occhietti e sognalo.

Speedy, topolino sfacciato

Il castello giocattolo abbandonato in solaio era furioso: «Non soltanto sto qui a prendere polvere, ma adesso mi distruggono pure». Speedy, il topolino sfacciato, si era tranquillamente sistemato lì e si comportava in maniera davvero maleducata. «Mai che dia una spolverata» brontolava il castello con l'orsetto Ted. «E poi lascia sempre tutto in giro.» Ted volle aiutare il castello e quando il topolino fece capolino dalla porta, gli borbottò: «O ti comporti bene oppure te ne devi andare!»

«E chi sarebbe a mandarmi via?» ribatté Speedy sfacciato.

«Io in persona» lo minacciò Ted.

«Pfui!» rise il topolino. «Non mi prenderai mai.»

E subito sparì di nuovo nel castello. Ted però era troppo grosso per poterlo seguire.

«Ehi, aspetta!» gli urlò dietro. Poi andò alla carrozzina delle bambole e sussurrò: «Fatina! Dormi?» Dalla carrozzina si levò un pigolio. «Che succede, Ted?» Le due testoline si unirono e i due si misero a confabulare ridacchiando. Quindi Ted tornò al castello. «Speedy, ci sono visite» urlò dalla porta. Per lo spavento il topolino cadde dal letto. Poi sentì un sussurro vicino a sé: «Sono venuta perché non metti in ordine, non spolveri e lasci andare tutto in rovina.» Speedy sbarrò gli occhi spaventato. Davanti a lui una fatina agitava su e giù una bacchetta magica con aria minacciosa. «Se non te ne vai immediatamente, ti trasformerò in un grosso RATTO!»

«No!» gemette Speedy. Il topolino inorridì al pensiero di dover vivere in futuro nella spazzatura con una lunga coda rosa. Come un lampo, saltò su e scappò via. Ted gli rise dietro e il castello disse riconoscente: «Cara fatina, se vuoi puoi trasferirti da me.»

«Volentieri» rispose lei. «Sei davvero splendido.»

La fatina dorme proprio bene nel castello, come te nel tuo lettino.

Ferdinand e la carota

L'asinello Ferdinand se ne stava ozioso nel suo recinto nel bosco e mangiucchiava fieno. La vita era bella, se solo lo lasciavano in pace. Dal giorno prima, però, alla fattoria erano arrivati turisti in vacanza. Papà, mamma e la piccola Anna, di sei anni. Anna era convinta che Ferdinand fosse lì per essere cavalcato e non faceva che montargli in groppa gridando: «Ehi! Trotta!»

Lui però non stava al gioco: cocciuto, rimase immobile finché la bambina non si annoiò. Ferdinand rimase in ascolto. Anna non stava mica tornando? Sì, eccola! Era in sella a una bicicletta e aveva con sé un lazo.

Prima che Ferdinand avesse il tempo di accorgersene, gli aveva gettato il lazo attorno al collo. «Tirami!» gli ordinò. «Oh, issa!» Ferdinand sbuffò: non era mica un cavallo da tiro, lui! Indignato, si allontanò dalla bambina. Ma... che cos'era quella? Davanti al muso si vide dondolare una carota! Ferdinand fece un passo avanti e cercò di acchiapparla. Ce l'aveva quasi fatta! Accelerò il passo, poi avanzò, sempre dietro alla carota, e così facendo senza accorgersene si tirava dietro la piccola Anna. Finalmente capì: la carota era appesa a un ramo. Poteva correre finché voleva, ma non sarebbe mai riuscito ad addentarla. Furioso, si fermò. «Te l'ho fatta!» rise Anna smontando dalla bicicletta. Staccò la carota e la porse a Ferdinand. *Gnam gnam*, che buona! "Be', alla fin fine questa Anna non è poi così cattiva" pensò. Anna sorrise a Ferdinand e Ferdinand ammiccò. Quella sera avrebbe sicuramente sognato la sua nuova amica e tante buonissime carote. E tu, questa notte sogna la tua amichetta e tanti giochi che potrai fare con lei.

Una bicicletta presa all'amo

Un uomo che si era stancato della sua bicicletta la buttò nel lago senza tanti complimenti. Da allora la bici se ne stava laggiù, ed era molto infelice. Sognava di fare a gara con altre biciclette oppure di sfrecciare su una pista ciclabile insieme con un bambino. Le biciclette non possono piangere, perciò faceva solo traballare triste i pedali sollevando piccole onde sulla superficie.

Una fatina che per caso fluttuava sul lago la notò. «Che ti succede?» chiese.

«Ah!» sospirò la bicicletta «non voglio più restare qui in fondo al lago!» La fatina ci pensò un po' su. «In realtà io dovrei soddisfare i desideri dei bambini, non quelli di una bicicletta, però vedrò che cosa posso fare!» E ***sguish!*** sfrecciò via. «Fantastico» borbottò la bicicletta «finalmente passa di qui una fatina e non combina un bel niente!» Quel pomeriggio la bicicletta vide un'ombra sulla superficie del lago: veniva da una barchetta a remi. Qualcuno aveva gettato un amo. "Questa è la mia opportunità!" pensò, e subito si appese all'amo con la ruota posteriore. «Ha abboccato!» sentì qualcuno rallegrarsi. Alla fine venne tirata su. L'uomo nella barca vide la bici e disse: «Oh, è solo una vecchia bicicletta. La ributto subito in acqua!» "Oh, no!" pensò la bici. «Oh, no!» gridò la moglie dell'uomo. «È da tanto che Harald desidera una bicicletta. Con un po' di colore tornerà di sicuro come nuova!» E così i genitori portarono la bicicletta a casa con sé, le diedero una mano di pittura, oliarono la catena, aggiustarono i freni e la regalarono al figlio. «Questa è la bicicletta più bella del mondo!» esclamò il bambino. Subito salì in sella e si mise a pedalare. Proprio come la bicicletta si era sempre augurata che succedesse. E adesso, io auguro a te la buonanotte!

Jeronimo suona la trombetta

Era il compleanno del topolino Jeronimo e tutti gli animali festeggiavano con lui. «Tanti auguri!» gli disse l'asinello Sebastian porgendogli un grosso pacco. «Questo è da parte di tutti noi.» Jeronimo scartò felice il pacco e anche tutti gli animali erano contenti. «Una trombetta!» esclamò soddisfatto il topolino. «La desideravo da tanto!» Ma quando Jeronimo ci soffiò dentro, fu uno strazio per tutti. «*Tuu taa too!*» Faceva dei versacci orribili e tutti si tapparono le orecchie. Il topolino si esercitava di continuo, anche di notte, quando splendeva la luna. «Ti prego, smettila» brontolò Sebastian. «Ma come, siete stati voi a regalarmela» obiettò Jeronimo. «Sono un musicista! *Tuu!*»

Sebastian se ne stava seduto in riva al lago, disperato. Nella stalla, dove Jeronimo si esercitava, non resisteva più. Al pontile attraccò un vaporetto e smontò il capitano. Sebastian gli raccontò le sue pene. «Hai qualche consiglio da darmi?» chiese al capitano. «Sì» rispose lui. «Qualcuno che suoni la trombetta potrebbe farmi comodo, dato che la mia sirena si è rotta.»

«Questa è la soluzione!» gridò l'asino e tornò di corsa nella stalla.

«Avresti voglia di dare un concerto?» chiese al topolino.

Jeronimo era sorpreso. «Vuoi dire che suono già così bene?»

«Ma certo!» Sebastian trascinò lui e la sua trombetta al lago e poi sul vaporetto. «Ogni volta che la nave attracca, potrai suonare» gli disse.

E subito Jeronimo soffiò allegro nella sua trombetta. «*Tuu!*» Solo la notte, quando il vaporetto era ancorato in porto, c'era finalmente silenzio.

Come adesso, perché tu possa dormire bene. Buonanotte!

Bommel aiuta il fantasma

L'orsetto Bommel si trascinava stancamente per la strada. Aveva le zampe tutte piagate dal tanto camminare. Saskia lo aveva perso al picnic e Bommel sapeva bene che senza di lui non sarebbe riuscita ad addormentarsi. «Presto sarà buio. Come farò ad arrivare a casa in tempo?» si preoccupava.

«Che cosa ci fai da queste parti tutto solo?» chiese a Bommel una voce profonda. Un fantasma gli bloccava la strada!

«Saskia mi ha perso» spiegò l'orsetto. «Adesso devo tornare in fretta a casa, altrimenti non potrà dormire.»

«Ah, dormire!» sospirò stanco il fantasma. «Sono due settimane che non riesco più a farlo. Nel castello in cui abito stanno facendo dei lavori.»

«Anche di notte?» si stupì Bommel. «No, ma i fantasmi dormono durante il giorno» sbadigliò il fantasma. «Ti faccio una proposta» gli disse Bommel. «Ora tu mi riporti a casa e io ti mostro un altro posto in cui di giorno potrai dormire indisturbato.» Il fantasma prese subito in braccio l'orsetto e fluttuando nell'aria lo portò fino alla finestra di Saskia, che per fortuna era aperta. Bommel entrò nella stanza e sgusciò nel lettino di Saskia. Felicissima, la bambina lo strinse fra le braccia. «Finalmente sei qua!» Non appena la bambina si addormentò, Bommel portò il fantasma nel solaio. Là c'era il vecchio lettino di Saskia.

«Ma è fantastico!» esclamò il fantasma, e subito si mise a saltellare rilassato sul materasso. «Qui potrai venire a dormire ogni volta che lo vorrai» gli disse l'orsetto.

Riconoscente, il fantasma lo abbracciò. «Questa notte andrò ancora un po' in giro a spaventare la gente, ma non vedo l'ora che venga domattina presto, quando finalmente potrò tornare a dormire.» Però, dato che i bambini come te la notte dormono, ora chiudi gli occhietti e dormi bene.

Il grande mago Pascal

Da grande Pascal voleva fare il mago, perciò si esercitava e si esercitava con la sua valigetta dei trucchi. Intanto sapeva già far volare una carta per aria oppure far sparire una chiave. Era arrivato il momento di tenere il suo primo spettacolo, perciò invitò la sua famiglia e tutti gli amici in una piccola radura nel bosco vicino.

Sistemò un tavolino da campeggio e ci posò sopra le sue cose: la bacchetta magica, un cappello, un fazzoletto, un mazzo di carte e una grossa chiave. Poteva incominciare.

Ma quando il bambino vide i volti tesi degli spettatori, a un tratto si sentì prendere dal panico e con voce tremante annunciò: «P-per prima cosa f-farò sc-scomparire la chiave davanti ai vostri occhi».

Pascal prese in mano la chiave e la mostrò in giro, poi afferrò il fazzoletto, si coprì la mano e la chiave, agitò la bacchetta e mormorò la formula magica. Intanto, però, sentiva brividi caldi e freddi corrergli lungo la schiena: si era dimenticato il trucco! Stava per fare una figuraccia!

Non aveva idea che dietro gli alberi fosse nascosta una piccola fatina, che vedendo il bambino in difficoltà, lesta lesta estrasse la propria bacchetta. Quando Pascal scrollò via il fazzoletto, rimase più stupito di tutti: il palmo della sua mano era vuoto! La chiave era davvero sparita!

Il pubblico applaudì entusiasta. Pascal ritrovò il coraggio e riuscì a compiere tutti gli altri trucchi senza aiuto.

E mi raccomando, tu non tradirlo! Ora dormi e fa' sogni d'oro!

Bobo, il bagnino

«Tatu-tatà, la guardia costiera è qua!» gridò il topolino Bobo lanciando una ciambella di salvataggio al maggiolino stanco.

«Grazie» ansimò questi quando Bobo lo ebbe tirato sulla sua barca.

«È a questo che servono i bagnini al lago» rispose orgoglioso Bobo. Giunti al pontile, aiutò lo stanco maggiolino a scendere.

«Adesso riposati un po' finché non ti sentirai meglio» gli suggerì, e lo coprì con un fazzoletto.

Allarme! La sirena suonava di nuovo. Bobo capì subito il problema: l'asinello Grisu dimenava furiosamente le zampe nell'acqua profonda. Con un balzo, il topolino saltò sulla barca, sciolse la gomena e si affrettò ad andare in suo soccorso.

«Mi sono impigliato» ansimò spaventato Grisu.

Bobo indossò la maschera da sub e si tuffò in acqua. Sul fondo del lago c'era una vecchia bicicletta e la coda di Grisu si era impigliata nei raggi. Senza perder tempo, Bobo rosicchiò coi suoi dentini i peli della coda, ma dovette fare attenzione a non farsi colpire dagli zoccoli. In breve l'asinello era di nuovo libero.

«Bobo, sei il mio salvatore» sospirò Grisu sollevato quando la barca lo ebbe riportato in salvo a riva.

Per quel giorno Bobo aveva lavorato bene, era stanco e non vedeva l'ora di andare nel suo lettino.

E tu, hai lavorato bene oggi e sei stanco proprio come Bobo? Fa' la nanna!

Maja e l'asinello nel bosco

In un pomeriggio d'estate Maja prese il suo orsetto e se ne andò con lui nel bosco a raccogliere lamponi. Quelle bacche dolci le piacevano così tanto che aveva dimenticato di avvertire la mamma. Quando arrivarono sul limitare del bosco, i due rimasero stupiti: davanti a loro c'era un asinello che si era sistemato bello comodo fra i cespugli e mangiava un lampone dietro l'altro. «Non sapevo che agli asinelli piacessero i lamponi!» si stupì Maja. «E io non sapevo che le bambine piccole potessero andare da sole nel bosco» ribatté l'asinello.

«Oh, hai ragione!» si spaventò Maja. Si premette forte l'orsetto al petto e grossi lacrimoni incominciarono a colarle giù per le gote. L'asinello la guardò sorpreso.

«Perché piangi?» volle sapere. «La mia mamma sarà sicuramente arrabbiata perché non le ho detto dove stavo andando. E adesso che cosa faccio?» L'asinello ci pensò un po' sopra. «Va bene» disse poi scuotendosi un paio di foglie di lamponi dal dorso. «Salta su, ti ci porto io, a casa.» Maja non era mai stata sul dorso di un asinello, ma salì coraggiosamente e l'asinello si mise in cammino. La bambina si teneva stretta alla sua folta criniera. Il vento le scompigliava i capelli e si sentiva scrollare allegramente. Quella cavalcata era davvero divertente! Era così bello che si mise a ridere di gusto. A casa la mamma era già davanti alla porta ad aspettarla e aveva una gran voglia di sgridarla. Ma poi sentì Maja e l'orsetto ridere felici e rise anche lei. Solo l'asinello non rideva: non era un asinello tanto allegro! Ma quando la mamma gli ebbe dato da mangiare e un posto caldo per dormire quella notte, visto che ormai si era fatto parecchio tardi, sorrise un pochettino.

E se anche tu hai un posto caldo per dormire, allora adesso puoi fare la nanna.

Un bagno al chiaro di luna

Marc andava a scuola volentieri. Il suo era un collegio dentro un vero castello, però c'erano regole che non gli piacevano per niente. Per esempio, i bambini potevano andare a fare il bagno nello stagno solo se era presente un insegnante. Purtroppo però questo accadeva troppo di rado, e a Marc nuotare piaceva così tanto!

Una notte, non riuscendo a dormire, guardava fuori dalla finestra. La luna splendeva luminosa e quindi lo stagno scintillava in maniera particolarmente allettante. Marc si prese un asciugamano bianco per sgattaiolare fuori. Inavvertitamente, però, urtò il letto di Pit, con cui divideva la stanza. «Resta qui, non possiamo uscire di notte» gli sussurrò il compagno. Ma Marc non volle dargli retta.

Il bagno fu splendido. Quando finalmente Marc uscì dall'acqua, i suoi vestiti erano spariti. «Di sicuro è uno scherzo di Pit» brontolò. «Per lo meno mi ha lasciato l'asciugamano!» Il bambino si sfregò i capelli bagnati con il grosso asciugamano e ci si avvolse dentro, poi tornò di corsa al castello.

Oh, no! In quel momento dalla porta usciva il custode, di sicuro lo avrebbe scoperto e Marc sarebbe finito in guai grossi. Ma… che stava succedendo? Il custode sbarrò gli occhi, puntò il dito contro Marc e si mise a gridare: «Aiuto! Aiuto! Un fantasma!»

Poi girò sui tacchi e scappò via. Veloce come un lampo, Marc sgusciò in camera sua e si guardò allo specchio: con l'asciugamano sembrava davvero un fantasma. Rise piano pensando allo spavento che aveva fatto prendere al custode. "E domani mi farò restituire i miei vestiti da Pit" pensò. "Ora però sono troppo stanco."

Sei stanco anche tu? Allora chiudi gli occhietti e fa' la nanna!

Arwon, il mago cattivo

Shona era la fatina più bella dei dintorni. Lo sapeva anche il mago cattivo Arwon, che voleva sposarla. «Mai e poi mai!» si rifiutò Shona. Allora lui la rinchiuse nella torre del suo castello e diede tre mandate di chiave. Poi si appese la chiave al collo con uno spago. «Grida quanto ti pare, tanto qui nel bosco non ti sentirà nessuno!» disse poi a Shona, la quale pianse per giorni e notti intere.

Theobald, il topolino del castello, non riusciva più a sopportare quelle lacrime. Di notte, mentre Arwon russava così forte da far tremare i muri, il topolino sgusciò nel suo letto, mordicchiò pian piano lo spago, prese la chiave e sfrecciò dalla torre. Aprì velocemente la porta. «Sei libera!» gridò alla fatina.

Shona si stupì del coraggio di Theobald, ma non poté rallegrarsi. «Arwon mi troverà dappertutto» disse triste.

«E allora noi giocheremo d'astuzia» ribatté Theobald. E insieme architettarono un piano.

«Grande mago, la torre è aperta!» urlò Theobald l'indomani mattina. Arwon saltò su e si precipitò fuori dalla sua stanza.

«Chi ha osato rubarmi la chiave?» ringhiò. «Dov'è finita?»

La voce di Theobald tremava un po' quando gli mostrò la torre. «Là dentro!» Il mago si precipitò dalla porta aperta e – *tump!* – inciampò in uno spago teso di traverso. In un baleno, Theobald sbatté la porta e Shona la richiuse dal di fuori.

Mentre dentro il mago infuriava e batteva i pugni contro la porta, Shona baciò il topolino.

«Esprimi un desiderio!» gli disse.

«Vorrei essere il tuo principe» mormorò Theobald. Shona lo toccò sulla punta del musetto da topo e – *zac!* – Theobald si trasformò nel principe più bello dei dintorni. E ancora oggi i due vivono insieme felici e contenti.

Adesso di sicuro potrai dormire bene, perché il mago cattivo è rinchiuso per sempre.

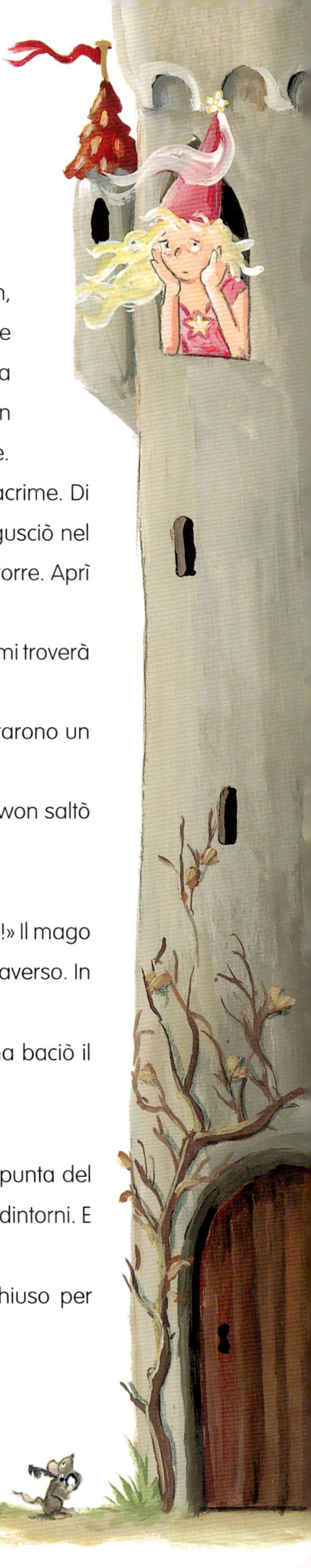

Il compleanno di Charlotta

Charlotta aveva invitato tutte le amichette per il suo compleanno. «Faremo una festa in un castello, come le vere principesse» disse felice. Le bambine avevano appena preso posto al lungo tavolo nella sala dei cavalieri quando il papà entrò con il regalo di compleanno: una bicicletta! «Tanti auguri, Charlotta!» le disse dandole un grosso bacione.

Charlotta era felice. «Devo provarla subito» esclamò e salì immediatamente in sella. Dal fossato del castello sentì piangere. Incuriosita, si avvicinò e vide un fantasma accoccolato. «Perché sei così triste?» gli chiese.

«Oggi compio cinquecento anni, ma nessuno mi vuole festeggiare, hanno tutti paura di me!» ululò il fantasma. Grossi lacrimoni gli rotolavano giù per le gote pallide.

Charlotta ci pensò un po' su, poi gli bisbigliò qualcosa all'orecchio. Quindi si voltò e con la bicicletta tornò al castello. «Ho uno straordinario ospite a sorpresa per voi!» annunciò alle sue amichette. Subito dopo sentirono bussare alla porta e nella sala entrò un cavaliere. Le bambine si stupirono moltissimo di quel tipo sgangherato, ma quando intonò: «Tanti auguri a te!» scoppiarono a ridere tutte quante e nessuna ebbe paura di lui. «C'è ancora un po' di torta?» chiese il cavaliere. «Sììì!» esclamarono in coro le bambine, e gli porsero un piatto con una fetta di torta alla ciliegia.

«È stata una buona idea indossare l'armatura» sussurrò il fantasma a Charlotta.

«Be', nessuno dovrebbe festeggiare il compleanno da solo» sorrise la bambina. «Buon compleanno, caro fantasma!»

Quella sera Charlotta andò a letto felice, proprio come te. Sogni d'oro!

Il medico delle bambole

Boris andava all'asilo da una settimana. Gli piaceva molto, e soprattutto gli piaceva Ilka, una bimba con delle bellissime lentiggini e un dolcissimo asinello di peluche che si chiamava Stoffel. Boris le chiese: «Vuoi giocare con me?» ma Ilka rispose: «Io coi maschi non ci gioco!» Boris era triste. Se solo avesse avuto Stoffel, Ilka sarebbe stata costretta a giocare con lui! Cercò di portarle via l'asinello, ma lei si difese. Boris lo tenne stretto per le orecchie e tirò ancora più forte, ma Ilka non lo lasciava andare. *Strap!* A un tratto Boris si ritrovò con le orecchie dell'asinello in mano. «Sei cattivo!» piangeva Ilka. Ma il bambino non lo aveva fatto apposta. Corse al suo zaino, tirò fuori l'orsetto e lo porse alla compagna. «Mi dispiace tanto. Puoi giocare con il mio orsetto.» Ilka piangeva. «Ma io rivoglio il mio asinello con le orecchie lunghe!» A Boris venne un'idea: «Tu lo conosci il vecchio castello?» Ilka scosse il capo. «Là ci vive il medico delle bambole» spiegò Boris. «Lui è capace di aggiustare qualsiasi giocattolo!»

«Davvero?» chiese Ilka fra le lacrime. «Sì» disse Boris. «La vedi la pancia dell'orsetto? Anche lui si era strappato e il medico lo ha ricucito. Dammi Stoffel fino a domani e nel frattempo puoi tenere l'orsetto!» Un po' esitante, Ilka cedette. A casa, Boris corse dalla sua mamma per mostrarle Stoffel. «Per favore, puoi portare l'asinello di Ilka dal medico delle bambole?»

«Sei stato tu?» chiese la mamma. Boris annuì imbarazzato. «Le hai chiesto scusa?» chiese ancora la mamma. «Sì» disse Boris. «Bravo» gli disse la mamma accarezzandogli i capelli. Il giorno dopo, Boris porse a Ilka l'asinello: le due orecchie erano di nuovo al loro posto. Ilka era felice. «Grazie! Eccoti indietro il tuo orsetto!» Boris le chiese timidamente: «Vuoi giocare con me?» «Staremo a vedere» rispose Ilka, però poi gli fece l'occhiolino e gli sorrise. E il tuo peluche è ancora tutto intero o anche lui deve andare a trovare il medico delle bambole? Abbraccialo forte e fa' la nanna!

La valigia misteriosa

Il sole splendeva nel cielo e gli uccelli cinguettavano felici. "Che bella giornata!" pensò l'asinello, e decise di andare a fare una passeggiata. Quando arrivò al lago, vide un oggetto scuro e pesante trascinato dalla corrente. Curioso, entrò nell'acqua fresca e con qualche sforzo riuscì ad afferrarlo con i denti e a riportarlo a riva. «Una valigia» capì. «Sembra piuttosto misteriosa!» Ma per quanto la colpisse con gli zoccoli e ne tirasse le cinghie, la valigia non voleva saperne di aprirsi.

In quel momento passò di lì un topolino. «Che cosa c'è lì dentro?» chiese.

«Non ne ho idea» brontolò l'asinello. «Purtroppo non ho la chiave e non riesco ad aprirla.»

«Io ho dentini affilati, potrei tagliare le cinghie» propose il topolino.

«Va bene» disse l'asinello. «Allora dividerò il contenuto con te!»

Senza farselo ripetere due volte, il topolino mangiucchiò la cinghia e finalmente la valigia si aprì. Curiosi, i due ci guardarono dentro.

«Uno xilofono!» esclamò allegro il topolino.

«E anche un tamburo!» gli fece eco l'asinello.

Disposero gli strumenti davanti a loro, poi il topolino saltellò sui tasti dello xilofono per farlo suonare e l'asinello lo accompagnò con il tamburo. La loro musica era così bella che persino i pesci fecero capolino dall'acqua e gli anatroccoli vennero fino a riva per ascoltarli.

Adesso però chiudi gli occhietti e ascolta: stanno suonando una ninna nanna per te!

Anatroccolini, venite da me!

Per la primissima volta Nele ebbe il permesso di portare con sé la chiave di casa perché la mamma doveva andare a fare la spesa. «Vedi di non perderla!» si raccomandò la mamma, e fece passare nella chiave uno spaghetto perché Nele potesse appendersela al collo. «Guardate che cos'ho!» gridò Nele quando arrivò al parco giochi. «La mia mamma non mi dà mai la nostra chiave» disse una bambina. Nele era gonfia d'orgoglio. Perfino mentre giocava stava attenta a non perdere la chiave e la guardava con occhio di lince. A mezzogiorno si incamminò per tornare a casa, ma facendosi un po' troppo spericolata, si tolse lo spago dal collo e incominciò a far dondolare la chiave avanti e indietro. «Oh, no!» Proprio mentre passava vicino al lago, lo spago le cadde di mano e finì in acqua! Il lago era profondo e fangoso: la

chiave di Nele era sparita. «E adesso che cosa faccio?» piagnucolò. «Posso aiutarti?» le chiese un'esile vocetta. Nele trasalì: sopra di lei fluttuava una piccola fatina. «Sì, ti prego! Mi è caduta la chiave in acqua!» spiegò Nele. «Purtroppo io non so nuotare» rispose la fatina. Nele era disperata, ma la fatina le sorrise. «Non ti preoccupare, so parlare con gli animali.» E attaccò una canzoncina. «*Anatroccolini venite da me!*»

Nele ammirò con occhioni sgranati uno stormo di anatroccoli sguazzare fino a riva e ficcare la testa sott'acqua. Dopo un po', uno di loro riemerse… con la chiave di Nele nel becco! «Grazie mille!» gridò Nele felice, e alla fatina disse: «Mi piacerebbe tanto imparare questa canzone.»

«Te la insegno io» le promise la fatina. E si misero a cantare insieme, con l'accompagnamento delle anatre starnazzanti. Tutto è bene quel che finisce bene!

E adesso dormi presto, così domani potrai cantare e giocare con i tuoi amichetti!

Il bambino prepotente

«Qui i bambini piccoli non li vogliamo» ringhiò un bambino prepotente con il caschetto da bici verde acido, e bloccò la strada a Nick, che fu costretto ad andare via. Gli sarebbe piaciuto tanto provare la sua nuova mountain bike sulla pista. Adesso invece se ne andò nel boschetto e la provò lì. Curvò attorno a un cespuglio quando sentì qualcuno brontolare.

«Che sfortunaccia!» Dietro un ramo scorse un fantasma che tirava stizzito il suo lenzuolo.

«Che ti è successo?» gli chiese Nick.

«Mi sono strappato il lenzuolo» rispose il fantasma, e gli mostrò seccato due grossi buchi. «Non posso certo tornare al castello così, mi riderebbero tutti dietro.»

«Non c'è niente di più facile» gli disse Nick. E dalla sacca della bicicletta tirò fuori un piccolo set per riparazioni e tappò i buchi.

«Fantastico!» Il fantasma era strafelice. «Ma che cosa ci fai tutto solo nel bosco?» gli chiese adesso.

«Un bambino prepotente non vuole che mi eserciti sulla pista» spiegò triste Nick.

«Ci penso io» gli rispose il fantasma facendogli l'occhiolino. «Vieni.» Appena arrivarono, si nascose dietro un albero, e quando il bambino con il caschetto verde passò di lì, sbucò fuori. «*Buh!*»

Per lo spavento, il bambino cadde dalla bici. Allora il fantasma si eresse minaccioso davanti a lui. «Lascia subito giocare il mio amico, altrimenti ti succederà qualcosa di terribile!» Il bambino annuì sorpreso. A un tratto a Nick quel bambino non faceva più così paura e poté divertirsi ad andare in bici con gli altri. Non era bellissimo?

E tu, con chi hai giocato oggi? Anche tu sei stanco come Nick? Allora fa' la nanna.

Mats, il topolino insolente

Mats, il topolino, era un vero insolente e non rispettava quasi mai le regole del castello. Il suo amico, il vecchio asinello Casper, invece, sapeva bene come ci si deve comportare in un maniero.

Spesso il suo pelo grigio si arruffava per colpa di Mats e allora gridava: «Non correre così in fretta per i corridoi!», oppure: «Aspetta a mangiare finché non ne hanno avuto tutti!» Ma a Mats non importava un fico secco. Un giorno Mats trovò una chiave dorata che qualcuno aveva dimenticato sul cassettone. "Adesso la nascondo" pensò, e la portò nella stalla dove, senza farsi accorgere, la ficcò sotto la paglia. Lui non ne aveva idea, ma quella era la chiave del cofanetto dei gioielli della regina. Quella sera, mentre il garzone di stalla puliva il box di Casper, trovò la chiave, e subito chiamò la regina: «L'asinello ha rubato la chiave!»

«Allora deve essere punito!» rispose la regina. Mats ebbe paura. Proprio Casper doveva pagare per il suo colpo di testa? Doveva impedirlo. Saltò fuori dal suo nascondiglio e confessò: «Sono stato io! Volevo solo fare uno scherzo!»

«Non è stato per niente divertente» disse la regina. «Stavo quasi per punire un innocente. Perciò adesso tocca a Casper decidere se potrai rimanere al castello!» Con una vocina piccola piccola, Mats mormorò a Casper: «Mi dispiace tanto!» Subito Casper lo guardò severamente, ma poi gli disse: «Prometti che da oggi in poi ti comporterai meglio?» Mats annuì. «Bene» disse Casper. «Allora ti perdono. In fondo, tutti quanti facciamo degli errori!» «Grazie» squittì Mats e venne ad accoccolarsi contro il suo grande amico. E adesso, anche tu accoccolati sotto la coperta e dormi presto!

Stella, stellina

Domani all'asilo avrebbero festeggiato San Martino con un bel corteo di lanterne e anche Maja voleva costruirne una. «Prendi del cartoncino nero, ritaglia delle stelline e una luna e sopra incollaci della carta velina colorata» le suggerì la maestra. Poi aiutò Maja a incollare il cartoncino attorno al bordo di una scatoletta rotonda per formaggini. Sul fondo sistemarono una candelina. Mancava solo un pezzo di metallo per fare il manico e un bastoncino per tenerla in pugno.

Tutta orgogliosa, Maja portò la lanterna a casa. Volle provarla subito e anche se sapeva che non si doveva, sgraffignò in cucina una scatoletta di fiammiferi, poi corse al parco e accese la candelina. Che bella! L'agitò avanti e indietro, sempre più veloce. Attenzione, Maja! Oh, no… troppo tardi! La lanterna cadde a terra e prese fuoco.

La bambina si portò spaventata le mani alla bocca.

Per fortuna la buona fatina Stella aveva visto tutto: volò da lei e gettò la lanterna in fiamme nel laghetto in mezzo al parco e le fiamme si spensero all'istante.

Maja piangeva amaramente. «E adesso come faccio per la sfilata delle lanterne?»

«Aspetta!» le disse Stella alzando la sua bacchetta magica. La lanterna riemerse dall'acqua perfettamente intatta. Solo la candelina era sparita. «Non voglio che tu giochi ancora con il fuoco» le disse la fatina.

«E se ti prometto che questa volta ci sto attenta?» la implorò Maja.

Ma la fatina scosse il capo. «Ho un'idea migliore. Domani avrai una luce magica!» Sollevò un'altra volta la bacchetta e adesso in cima al bastoncino nella lanterna dondolava una lucina che brillava ancora più della candelina, ma non usava il fuoco. Maja ne fu felicissima.

E adesso Maja ti canta una bella ninna nanna: «Stella, stellina, la notte si avvicina…»

Una bicicletta da paura

C'erano due cose che a Quirin piacevano in particolar modo: ascoltare storie dell'orrore e andare in bicicletta. Purtroppo ormai il suo triciclo era diventato troppo piccolo. «Mamma, mi serve subito una bici!» implorò il bambino. Ma la mamma sospirò: «Purtroppo in questo momento non ce la possiamo permettere!» Però, quando vide quanto ci era rimasto male Quirin, disse: «Puoi usare la vecchia bicicletta di tua sorella». Quirin era davvero infelice. Già era abbastanza brutto che di tanto in tanto dovesse indossare i jeans smessi di Esther, ma la sua bicicletta era tutta rosa! Una bici da femmina! Lo avrebbero preso tutti in giro! Per fortuna c'era il nonno. «Basterà semplicemente adattarla un po'!» propose. Prima di tutto la dipinsero di nero: così andava già molto meglio! Quando il colore fu asciutto, incollarono al telaio degli adesivi di fantasmi che brillavano perfino al buio. Per finire, il nonno fissò alla ruota posteriore una bandierina. Ora invece di un gagliardetto sventolava un fantasma!

«Fantastico!» esclamò felice Quirin. «Ora sì che ho una bicicletta da paura!»

«Sì» sorrise il nonno. «E domani faremo una bella gita al castello, magari là troveremo dei fantasmi veri!» Quirin era entusiasta. Quando andò a dormire, immaginò come avrebbe dato la caccia ai fantasmi insieme al nonno.

E tu, che cosa sognerai questa notte?

Un applauso per Gero

«Bravo! Bravo!» Gli spettatori applaudivano entusiasti, ma Gero sospirò. Di nuovo su e giù e ancora su e giù. Il fantasma lavorava come sipario in un teatro e avrebbe voluto tanto esibirsi anche lui sul palcoscenico. "Almeno per una volta vorrei un applauso tutto per me" sognava tra sé. «Gero, tocca a te!» lo riscosse il topolino del teatro, Egon. Subito il fantasma si alzò e si riabbassò diligente da bravo sipario. Poi lo spettacolo finì e gli spettatori se ne tornarono a casa.

Quando la sala fu vuota, Egon chiese: «Che ti succede? Sei così silenzioso!»

«Mi piacerebbe tanto esibirmi come fantasma canterino» confessò Gero al piccolo topolino.

«E perché non fai domanda?» si stupì allora Egon.

«Perché ho la paura del palcoscenico» ammise il fantasma. «Ogni volta che devo cantare qualcosa davanti agli altri, improvvisamente mi dimentico le parole e non so più andare avanti.»

«Devi solo esercitarti» lo incoraggiò Egon. «Tutti hanno la paura del palcoscenico, ma poi ce la fanno lo stesso.»

«E che cosa dovrei fare?» chiese Gero.

«Vieni, canta semplicemente con me» gli disse il topolino. Il fantasma guardò il palcoscenico deserto su cui rimanevano solo il bosco e la luna di legno.

«Va bene, d'accordo, ci provo» disse facendosi coraggio. «O adesso o mai più.»

D'un tratto il palcoscenico gli parve immenso. Egon accese le luci di scena e il proiettore impedì a Gero di vedere la platea vuota. Era illuminato e si sentiva un vero cantante. Un po' impacciato, si schiarì la voce e incominciò: «*Nella vecchia fattoria...*» Poi si bloccò. «Va' avanti!» gli ordinò Egon.

«*I-A-I-A-O...* Non me la ricordo più!» ammise Gero. Si era di nuovo dimenticato le parole.

«*Quante bestie ha zio Tobia...*» lo aiutò Egon.

Improvvisamente Gero se la ricordava di nuovo. «*Nella vecchia fattoria, I-A-I-A-O...*»

«Chi è che canta così bene?» Il direttore del teatro era entrato in sala e aveva sentito tutto. Scorse il fantasma sul palcoscenico. «Eri fantastico» si congratulò. «Perché non ti esibisci nei nostri spettacoli? Per me sarebbe un onore.»

«Anche per me» disse Gero con un bell'inchino.

«Hai visto?» gli disse Egon contento. «Devi solo avere un po' di coraggio.»

Arrivò la sera della prima e Gero voleva scappare via per il nervosismo, ma il topolino lo incoraggiò dicendogli: «Ci sono qua io. Se ti dimentichi qualcosa, ti suggerirò le parole. In bocca al lupo!»

Gero salì sul palcoscenico e improvvisamente non vide più il pubblico, sentì solo la propria voce. Cantò in modo chiaro e preciso *Nella vecchia fattoria* fino alla fine ed Egon non ebbe bisogno di aiutarlo. «Bravo! Bravo!» applaudirono gli spettatori. Fu il primo applauso per Gero.

Adesso Gero se ne sta felice nel suo lettino e sogna la sua prossima esibizione. Proprio come tu adesso sognerai di lui. Sogni d'oro!

I fantasmi esistono?

Su una collina sorgeva un vecchio rudere. Un tempo era stato un sontuoso castello, ma dopo un violento incendio ora era tutto diroccato. Anche se ogni giorno ci passavano davanti molte auto, quelle vecchie mura non le guardava quasi nessuno. Solo Cecilie voleva assolutamente esplorare le rovine e pregò i genitori: «Per favore, papà! Di sicuro lì troveremo un tesoro!»

«Va bene, allora andiamo a vedere» rise il padre, e prese l'uscita per il castello. Viste da vicino, le rovine erano davvero spettrali. Le mura erano nere di fuliggine e in qualche punto c'erano anche grosse crepe. Il portone di ingresso, un tempo tanto possente, pendeva storto e marcio sui cardini. Papà lo spinse, il battente scricchiolò e Cecilie si sentì venire la pelle d'oca. Cautamente, si addentrarono oltre la soglia. Che silenzio! Non si sentivano neppure gli uccelli. Dalle crepe dei muri di pietra spuntavano le erbacce, e sebbene fosse una bella giornata di sole, soffiava un vento gelido. Cecilie sentì un brivido freddo correrle lungo la schiena.

«Voglio tornare indietro» ammise trascinando il papà. «Ma dove sono le chiavi?» domandò il padre sconcertato quando furono davanti alla loro macchina. Guardò in tutte le tasche. «Di sicuro te le ha rubate di nascosto un fantasma» mormorò Cecilie spaventata. In quell'istante, sopra la porta del castello si staccò una pietra che cadde a terra con gran fragore. Via di lì, subito! Cecilie si mise a strattonare la portiera della macchina e… guarda un po'? Era aperta! Anche il papà rimase esterrefatto: la chiave era nel quadro di accensione! Davvero in quel rudere si aggirava un fantasma? Papà non ci credeva, ma Cecilie era sicura che i fantasmi li avessero scacciati dalle rovine.

E adesso dormi presto, così domani potrò raccontarti nuove avventure.

Davide e Golia

L'orso Golia viveva nel bosco. Era convinto di dovere essere sempre il più forte e perciò ogni tanto si metteva a bramire così tanto che tutti gli animali tremavano di paura. Anche se era temuto, nessuno però lo aveva mai visto. Quel giorno Davide voleva andare a raccogliere ghiande con il suo orsetto. Era un pupazzo che aveva da quando era piccolo, e dato che allora era più grande di Davide, tutti lo chiamavano Golia! Quando arrivarono alla grande quercia del bosco, trovarono radunati diversi animali. L'asinello aveva raccontato loro che sarebbe venuto anche lo spaventevole Golia, perciò erano tutti eccitati. Avevano paura perché non lo conoscevano e non sapevano che intenzioni avesse. Davide guardò stupito il suo orsetto: non gli sembrava che avesse un aspetto così spaventoso! Ma il bambino non sapeva niente del vero orso Golia, perciò disse agli animali: «Ma perché avete tanta paura? Golia è fatto per fare le coccole! Potete confidargli qualsiasi cosa, piangere nella sua pelliccia e se siete gentili con lui, diventerà il vostro miglior compagno di giochi!»

E per dare una dimostrazione, lo voltò e quello fece un allegro: «*Ba!*» Era così tenero che tutti si misero a ridere.

E così gli animali decisero che non c'era motivo di avere paura di quel Golia. Ringraziarono Davide e trotterellarono via, senza vedere il vero Golia che se ne stava sul ciglio della strada e constatava perplesso che nessuno aveva più paura di lui. Da quel giorno incominciò a comportarsi come tutti gli altri orsi e presto ebbe tanti amici che gli confidavano qualsiasi cosa, piangevano nella sua pelliccia e giocavano con lui.

Il Golia orsetto, invece, rimase il miglior compagno di giochi di Davide, che la notte se lo portava a letto con sé. Così Davide poteva addormentarsi tranquillo.

E tu ce l'hai un compagno di giochi con cui riesci ad addormentarti bene? Allora prendilo fra le braccia e fa' la nanna!

Marelle salva il castello

Marelle era una topolina che non aveva paura di niente. Viveva con la sua famiglia in un castello su su nel bosco. Molta gente veniva a visitare le vecchie mura, perché lì un tempo aveva vissuto un re molto famoso. Nel castello viveva anche Egon, il fantasma. Di tanto in tanto la notte andava un po' in giro a spaventare la gente, ma soprattutto gli piaceva mettere paura ai visitatori del castello.

In breve si sparse la voce che il castello era infestato e nessuno osò più avvicinarcisi, e così anche l'amministratore del castello smise di guadagnare con i biglietti di ingresso. Nel giro di poco tempo non ebbe più i soldi per riparare il tetto che perdeva. «E adesso che cosa faccio, e adesso che cosa faccio?» gemeva l'amministratore. Allora la topolina Marelle si fece coraggio e andò a trovare Egon, che si era sistemato bello comodo nel solaio. «Ma che significa?» gli chiese. «Perché fai scappare tutti i visitatori? Se non verranno più, il castello andrà in rovina e tu morirai di noia.» Egon capì che la topolina aveva ragione, ma adesso che cosa poteva fare? In solaio c'era una vecchia bicicletta. «Sai andare in bici?» chiese Marelle al fantasma. «Ma certo!» rispose orgoglioso Egon. Allora Marelle gli fece una proposta: «Che ne diresti di fare qualche acrobazia sulla bicicletta? Una cosa del genere non l'ha mai vista nessuno!» Egon ne fu entusiasta, e in breve l'amministratore fu sommerso da ondate di visitatori. Tutti volevano vedere il fantasma che andava in bici sulle mura del castello. E nessuno aveva più paura di lui. Ora anche tu potrai sicuramente addormentarti bene e magari sognare un fantasma che va in bicicletta.

Un aiuto per Hiberius

Quando si seppe in giro che nel castello di Klapperstein c'erano i fantasmi, i turisti incuriositi arrivarono sempre più numerosi. «Ma non avrò mai un momento di pausa?» brontolò il fantasma Hiberius. «Da solo non ci riesco.» «E che cosa vuoi fare?» gli chiese la sua amichetta Jana, la figlia dell'amministratore. «Mi serve un aiutante» rifletté Hiberius. «Va bene anche una bambina?» gli chiese speranzosa Jana, ma il fantasma scosse il capo. «Non credo che il capo supremo dei fantasmi lo permetta, tu sei troppo piccola.» Hiberius mise un annuncio sul giornale dei fantasmi, ma quando i candidati videro la folla di visitatori, si fecero prendere dal panico. «C'è troppo lavoro!» dissero e se la diedero a gambe. Jana però voleva aiutare il suo amico. «Quando arriva il capo supremo dei fantasmi?» chiese. «Domani, quando sorgerà la luna» rispose Hiberius. Quando il capo supremo dei fantasmi arrivò alla torre del castello, gli venne incontro un enorme fantasma ondeggiante. «Oh!» si stupì. Non aveva mai visto prima un fantasma così grosso! «Posso assumerlo?» gli chiese Hiberius. Il capo supremo dei fantasmi annuì e scappò subito via senza aggiungere altro. Allora Hiberius tolse a Jana il lenzuolo bianco e la bambina smontò dai trampoli di legno. «Finalmente ho qualcuno che mi aiuta» sospirò felice Hiberius, e Jana non vedeva proprio l'ora di poter spaventare i visitatori insieme con il fantasma.

Anche tu sei stanco come Hiberius dopo il lavoro? Allora fai tanta nanna!

Il drago sputafuoco

Tim era un bambino molto speciale, un cavaliere del re con un incarico segreto che combatteva con il suo orsetto Lancillotto contro i cavalieri cattivi e i mostri pericolosi.

Una notte al suo letto si presentò in lacrime una fatina esile come una ragnatela: un drago sputafuoco aveva imprigionato sua zia Bella nelle segrete del castello. «Ha chiuso una pesantissima porta e il mio incantesimo è troppo debole per riaprirla» piangeva. «Lo si può prendere alla sprovvista solo di notte, perché allora non può giocare con il fuoco. La mattina invece ne accende uno nuovo e se lo mangia per poter sputare grosse fiamme per tutto il giorno. È per questo che è così pericoloso.»

Nessun problema, il cavaliere segreto Tim fu subito pronto. Prese la sua spada di legno e si mise in cammino con Lancillotto. Quando arrivarono al portone, con un colpo lo spalancò ed entrò. Il baccano svegliò il drago, che corse al camino, sfregò un fiammifero e stava per accendere velocemente il fuoco e per mangiarselo. Già divampava una piccola fiammella. Con un balzo, Tim fu al camino e la spense di nuovo. Il drago ringhiò furioso e gli sputò addosso, ma dalle sue fauci uscì solo una nuvoletta. No, ora non era per niente pericoloso. Tim gli portò via i fiammiferi e l'orsetto Lancillotto gli saltò sulla pancia e gli fece il solletico. Continuò così a lungo che per il troppo ridere il drago implorò pietà e promise di liberare la zia Bella.

«Finché rimane senza fiammiferi, il drago è innocuo» dichiarò Tim. Adesso desiderava una cosa soltanto: dormire. E la piccola fatina fece apparire un morbido e caldo lettino. Tim si coricò e si addormentò all'istante, con Lancillotto fra le sue braccia. Riesci a immaginare che cosa abbia sognato? Forse anche tu sognerai la stessa cosa?

Il topolino e il leprotto

Il topolino e il leprotto erano grandissimi amici. Giocavano e mangiavano insieme, e spesso uno dei due passava la notte a casa dell'altro. Un giorno i due decisero di andare a fare una passeggiata. Misero in un cestino una carota e una nocciola e si incamminarono. Dato però che avevano tante cose da raccontarsi, non si accorsero di essersi addentrati in un bosco. Dal tanto camminare avevano male alle zampette ed erano tremendamente stanchi. «E adesso come facciamo a tornare indietro?» gemette il topolino sedendosi su una pigna.

Il leprotto propose di rifocillarsi prima di rimettersi in cammino. Il topolino stava per addentare la sua nocciola quando davanti a sé vide una figuretta vestita miseramente che guardava desiderosa la loro merenda.

«Facciamo a metà con lei?» propose il leprotto, e il topolino annuì. Perciò le diedero metà delle loro provviste, la poverina mangiò avidamente quello che le avevano offerto e quando fu sazia sorrise riconoscente.

«Voglio ricompensarvi per la vostra generosità» disse, tirò fuori una bacchetta e... sotto gli occhi dei due amici si trasformò in una bella fatina. «Siete così stanchi che vi porterò a casa io» promise la fatina, quindi li prese in braccio e volò via con loro.

Quando fu arrivata alla casetta dei due, i due amici dormivano da un pezzo per la stanchezza. La fatina accarezzò amorevolmente il loro pelo, li posò dolcemente nei loro lettini, spruzzò ancora un po' di polvere di sogni sopra di loro e volò via nella notte mite che la buona luna illuminava con la sua luce d'argento.

E di sicuro la fatina ha in serbo ancora un po' di polvere di sogni anche per te. Sogni d'oro!

L'orsetto Nicki, direttore del circo

Un giorno Nicki, il vecchio orsetto di Lena, decise di diventare direttore del circo. Si mise un bel cappello a cilindro sulla testa e partì per aprire il suo circo. Ma poi gli venne in mente una cosa: un circo ha bisogno di un cavallo! Si guardò attorno, ma sul prato vicino al lago pascolava solo il vecchio asinello Jockel. "E va be', farò di necessità virtù!" pensò Nicki, e gli si avvicinò. «Ascolta, Jockel» gli disse sporgendo in fuori la pancia da orsetto con aria d'importanza. «Io sono un famoso direttore di circo e ti nomino mio cavallo del circo». Jockel fissò l'orsetto sbigottito, perché come nobile cavallo da circo non valeva granché. «Insieme potremmo diventare famosi!» lo lusingò Nicki, anche se poi a dividere la sua gloria con Jockel non ci pensava proprio. Jockel immaginò che Nicki volesse solo darsi delle arie e decise di dargli una bella lezioncina. «Monta su» gli disse. «Conosco un bel numero.»

«Attenzione: sta arrivando il più grande direttore di circo del mondo!» gridò Nicki, ma non appena si fu seduto in groppa a Jockel, l'asinello partì al galoppo. «Ferma, Jockel, ferma!» gridò l'orsetto. Ma Jockel non gli diede ascolto e corse sempre più in fretta fino al lago e poi addirittura dentro l'acqua. «Attenzione!» gridò, poi si diede una bella scrollata e fece ruzzolare giù Nicki. «E allora, famoso direttore di circo, ora che mi dici?» rise Jockel. Nicki tacque. Non si sarebbe mai più dato delle arie con i suoi amici. Jockel lo tirò fuori dall'acqua e lo portò a casa da Lena. La bambina lo asciugò in fretta, gli preparò un bel bicchierone di latte caldo con miele e alla fine lo posò delicatamente nel letto. Qualche secondo dopo Nicki era già addormentato. Adesso sdraiati anche tu e dormi bene. Forse sognerai una bella storia del circo.

Moritz e il messaggio in bottiglia

«Questa sera vedi di venire a casa puntuale» gridò la mamma a Moritz, ma il bambino era già sfrecciato oltre l'angolo in sella alla sua bicicletta. Voleva andare al lago per mettere in acqua la sua barchetta nuova. Quando fu sulla riva, pronto a mettere in acqua la barca, vide una bottiglia sulla sabbia. Era ben tappata e tutta sporca. "Che dentro ci sia un messaggio?" pensò Moritz, e tolse il tappo. Ci fu un sibilo, uno sbuffo di vapore, e dalla bottiglia saltò fuori un fantasma che fece un bell'inchino davanti a Moritz. «Tanto tempo fa, un mago mi ha imprigionato in questa bottiglia» gli disse. «Adesso, dato che mi hai liberato, sarò al tuo servizio per un giorno intero.» Naturalmente a Moritz venne in mente tutta una serie di desideri: gonfiare il suo materassino, tirare la sua barca sul lago, far comparire un ombrellone o far saltare i pesci. Di lì a poco arrivarono dei bambini che osservarono curiosi Moritz con il suo fantasma. Moritz, che non aveva ancora amici perché era arrivato al paese solo da una settimana, li invitò tutti quanti a volare con lui e col fantasma. Venne la sera e Moritz dovette ritornare a casa. Il fantasma salutò i bambini e tornò in volo alla sua patria, un vecchio castello in rovina sul Reno. Moritz però era il bambino più felice del mondo: adesso aveva dieci nuovi amici. E visto che si erano dati tutti quanti l'appuntamento per l'indomani per giocare insieme a palla, non vedeva l'ora di andare a dormire e sognare il nuovo giorno. Quante cose cose ti porterà domani? Prova a guardare tu nel tuo sogno.

Gli animali e i lavori domestici

Già da qualche tempo la famiglia reale aveva fatto armi e bagagli e se ne era andata dal castello. Avevano dimenticato là solo l'orsetto, ma a lui non importava perché al castello abitava ancora il suo amico topolino. E poi, lì aveva trovato ricovero anche un asinello, e da allora i tre vivevano insieme felici e contenti. Si erano divisi tra di loro le faccende da sbrigare quotidianamente: il topolino era responsabile delle provviste, l'asinello si occupava dei letti e l'orsetto spolverava. Quel giorno però l'orsetto brontolò: «Spolverare sempre è una noia!»

L'asinello annuì: «E io sono stufo di dover rifare sempre i letti!»

«Facciamo cambio» propose il topolino. E così l'asinello partì in cerca di cibo, ma non era tanto facile. A differenza del topolino, lui non poteva mica saltellare sui prati senza farsi notare e sgraffignare qua e là qualche chicco di granaglia o strappare una carota dal terreno. Il contadino lo vide subito e urlò: «Sparisci, ladruncolo!»

L'orsetto non se la passava meglio. Le balle di fieno su cui dormivano erano troppo pesanti per lui, non riusciva a spingerle e a scuoterle come faceva di solito l'asinello.

E il topolino? Quello starnutiva e starnutiva in continuazione perché la polvere gli solleticava il naso. La sera i tre si divisero l'ultima foglia di insalata e sprofondarono esausti sui duri giacigli.

«*Eccì!*» fece il topolino, e poi disse: «Domani al cibo ci penso di nuovo io, d'accordo?»

E l'asinello disse: «È stato divertente provare qualcosa di nuovo, ma io preferisco rifare i letti!»

Anche l'orsetto era d'accordo: «Non è mica necessario saper fare tutto!»

«Buonanotte!» disse il topolino.

«Sogni d'oro» augurarono l'orsetto e l'asinello al topolino, e lo stesso augurano anche a te.

Chi vuole bene a Florian?

Il piccolo asinello Florian stava sulla mensola più in fondo del negozio di giocattoli col mantello tutto impolverato. Aveva smesso di contare quante volte la luna era sorta e tramontata da quando lui era stato messo là. «Ciao, custode del negozio!» lo derise una voce maligna. Florian sapeva bene chi era a parlare: l'odioso orologio giocattolo. Quando si vide avvolgere in una colorata carta da regalo, l'orologio strimpellò allegro: lo avevano comprato per un bambino. «Anch'io voglio un bambino che mi voglia bene» mormorò Florian con le orecchie mogie mogie. Poi però ideò un piano, ma richiedeva un gran coraggio. Quando nonna Hilde passò davanti al suo scaffale con la nipotina Jule, l'asinello si lasciò cadere e con un tonfo atterrò giusto giusto nella borsa della spesa della nonna. «*Pip pip pip!*» suonò l'impianto d'allarme quando nonna Hilde stava uscendo dal negozio con Jule. «Un momento, prego» disse il negoziante. «Ha dimenticato di pagare l'asinello!»

«Ma io questo asinello non lo voglio!» esclamò nonna Hilde sorpresa. Jule però gli si era subito affezionata. «Ma guarda, nonnina: ha delle orecchie così lunghe e dolci!» esclamò accarezzando Florian. «Ti prego, compramelo!»

«Chi può rifiutarti qualcosa?» Generosamente, nonna Hilde tirò di nuovo fuori il suo borsellino e Florian, raggiante, si strinse felice alla bambina. Il suo coraggio era stato premiato, finalmente aveva qualcuno che gli voleva bene. Di sicuro il tuo peluche è felice di avere te. Buonanotte e sogni d'oro!

Il fratello maggiore

Daniel era molto affezionato al suo orsetto Yoki e se lo portava dietro dappertutto. Per fargli un dispetto, suo fratello maggiore Philipp gli disse: «Un bambino della tua età non dovrebbe più giocare con gli orsetti, che figura!» «Non mi importa!» disse Daniel. «Io gioco con l'orsetto finché mi pare!» Un giorno la famiglia decise di fare una gita al lago. Philipp sbuffò vedendo Yoki nello zaino di Daniel. "Adesso basta con queste sciocchezze da bambini!" decise, afferrò l'orsetto e corse alla riva. «Nooo!» urlò Daniel correndogli dietro, ma era troppo tardi: rimase impotente a guardare Philipp che scagliava l'orsetto nell'acqua con tutte le sue forze. I genitori sgridarono Philipp, ma ormai era tutto inutile. Daniel guardava mesto lo specchio d'acqua. Quando Philipp vide il fratellino così mogio, si sentì rimordere la coscienza. «Ti aiuto a cercarlo» propose. Ma per quanto cercassero, Yoki era sparito. Al tramonto, i genitori chiamarono. «Venite, si torna a casa!» I bambini diedero un'ultima occhiata triste all'acqua. La superficie si increspò: incredibile, Yoki era tornato a galla!

Daniel e Philipp corsero alla riva e videro una fatina d'acqua che portava Yoki all'asciutto. Daniel si strinse Yoki al petto ed esclamò: «Grazie, cara fatina!» In macchina la mamma si meravigliò: «Come avete fatto a ritrovare Yoki?» «Ce lo ha riportato una fatina!» esclamò Philipp. «Ma» rise il papà «i bambini della tua età non credono più alle fatine!» Tu credi alla fatina che adesso ti porterà un bel sogno! Buonanotte!

Chi ha paura di Smaugh?

La piccola fatina Lotti viveva in un bel castello. Era inverno e fuori infuriava una tempesta di neve, ma dentro faceva un gran freddo. «Ora non potrà venire a trovarmi nessuno!» brontolò Lotti con il padrone di casa, il topolino Wilfried, guardando triste dalla finestra.

In quel momento stava passando in volo il drago Smaugh. Per colpa della fitta neve, vide il castello troppo tardi e andò a sbattere così violentemente contro il muro che fece cadere un pezzo di intonaco. «E adesso come faccio a ripararlo con questa tempesta?» piagnucolò Wilfried. Lotti però aprì in fretta la finestra per farlo entrare.

«Mi dispiace immensamente» disse lui sfregandosi il bernoccolo sulla testa. «Con questo tempaccio non puoi certo volare» gli disse lei comprensiva, e gli mise sulla testa una borsa del ghiaccio che subito lo fece sentire meglio. Quando vide che la fatina tremava miseramente nel suo sottile vestitino, il drago sibilò: «Ssst!» e subito dalle sue fauci si levò una fiammata che accese nel camino un bel fuoco. In breve nella sala del castello ci fu un piacevole calduccio. Tutti si accoccolarono nella grande poltrona e perfino Wilfried dimenticò le sue seccature. La sera il castello era talmente ricoperto di neve che spuntava solo la torre. «Ecco, adesso dovrò spalare neve fino a primavera» brontolò il padrone di casa. «Ma no» rise Smaugh e sibilò di nuovo: «Ssst, ssst!» Le fiamme sciolsero la neve e davanti al castello si formò un'enorme pozzanghera. «Vorresti rimanere a vivere qui?» lo invitò la fatina.

Smaugh ne fu contento. «Volentieri! Tutti hanno paura di me, ma tu no!» Wilfried era felicissimo: «Ottimo. Così non dovrò spalare neve per tutto l'inverno!» Il giorno dopo la pozzanghera era ghiacciata. Allora Wilfried corse a prendere la grossa chiave di ferro e aprì la porta. Lotti, Wilfried e Smaugh andarono a pattinare davanti al castello.

Adesso accoccolati in fretta sotto la coperta calda e dormi presto!

Lo specchio magico

La principessa Angelina era la ragazza più bella di tutto il paese. Aveva lunghi capelli biondi e luminosi occhi azzurri. Anche la cattiva strega Svara aveva sentito parlare di lei e andò a trovarla nel suo castello.

«Ti ho portato uno specchio perché tu possa ammirare la tua bellezza» le disse. Ma quello non era uno specchio come tutti gli altri, era uno specchio magico: chi ci guardava dentro veniva trasformato nella copia di chi si era specchiato prima di lui. Perché Angelina non potesse fare parola con nessuno dell'incantesimo, poco prima la strega aveva tenuto lo specchio davanti al muso di un asinello. Così, quando adesso Angelina guardò il proprio riflesso allo specchio, i suoi capelli diventarono sempre più grigi e ispidi finché non si trasformò in un asinello sotto gli occhi di Svara.

«*Ih oh!*» ragliò inorridita l'asinella Angelina, perché un asinello non sa dire nient'altro.

La strega ridacchiò odiosamente e guardò a sua volta nello specchio. E *bam!* si trasformò nella bella principessa. In fretta fece portare l'asinello nella stalla. Adesso tutti i domestici obbedivano alla falsa principessa, perché non sapevano nulla dello scambio. Certo, l'asinello nitriva a gran voce: «*Ih oh, ih oh!*» ma nessuno lo capiva.

La luna piena risplendette dalla finestra della stalla ed ebbe subito compassione della povera Angelina, così le disse: «Finché splendo posso ribaltare l'incantesimo, ma tu dovrai distruggere lo specchio prima che sorga il sole, altrimenti tornerai a essere un asinello!»

«Grazie, mia cara luna» esclamò Angelina. Lesta lesta, spalancò la porta della stalla e corse al castello. Lì si intrufolò nella camera da letto in cui la strega dormiva profondamente nei panni della principessa. Angelina tirò piano la tenda perché la luna potesse sbirciare dentro. Quando un suo raggio toccò la punta del naso di Svara, la ritrasformò in una strega.

Ma dov'era lo specchio? Angelina guardò in tutti gli armadi e in tutti i cassetti, ma senza trovarlo. Disperata, osservò la strega che russava e là, sotto il suo cuscino, vide luccicare qualcosa: era lo specchio! Con dita tremanti, Angelina lo afferrò. Oh, no! La

strega spalancò gli occhi e li sbatté insonnolita al chiaro di luna. Ora Angelina doveva affrettarsi. Scagliò lo specchio sul pavimento con tutte le sue forze e *crac! lo* ruppe in mille pezzi. «Che hai fatto?» strillò Svara. Ma gridare e strepitare non servì a niente, l'incantesimo era rotto e la magia annullata. La principessa chiamò le guardie e fece rinchiudere la strega nelle più buie segrete del castello. Ad Angelina restava ancora una preoccupazione. Corse alla finestra e l'aprì. «Puoi restituire le sue sembianze anche all'asinello?» pregò la luna. Questa ammiccò bonaria. «L'ho già fatto da un pezzo. Sta in un prato e mangia soddisfatto la sua erba!» Felice, Angelina salutò la luna e finalmente si infilò nel suo letto. Buonanotte, piccola principessa. E buonanotte a te, bambino mio!

Steffi Kammermeier

è nata nel 1959 a Monaco di Baviera, dove vive ancora oggi. Dopo avere studiato da assistente tecnico-medico, si è iscritta all'Istituto superiore di televisione e cinematografia. Ha lavorato come regista, sceneggiatrice e documentarista. Nel 1995 ha incominciato a collaborare come free-lance per la Radio Bavarese, dove in passato ha lavorato anche come redattrice. Ha ricevuto numerosi premi per i suoi film, fra cui il Deutscher Filmpreis 1988 e il Rights of a Child Award nel 1998 a Chicago. *Le Girastorie della buonanotte* è il suo primo libro per bambini.

Anna Karina Birkenstock

è nata a Solingen nel 1975. Dopo la maturità, nel 1995, ha lavorato come assistente per Helmut Claus, fotografo free-lance di Colonia. Dopo avere studiato new media art all'Università di Karlsruhe, oggi lavora come web designer, artista, autrice e illustratrice. Ha già illustrato molti libri di stoffa e cartonati per l'infanzia.

Per tutti gli eroi di questo libro.

PROVA D'ACQUISTO
978-88-04-64290-9
Le girastorie
della buonanotte